Christian Kirchberger

SCHAMANEN in Österreich

Medizin des Geistes

UEBERREUTER

ISBN 3-8000-7158-4
ISBN 978-3-8000-7158-6

Covergestaltung: Kurt Hamtil / Verlagsbüro Wien

Druck: Druckerei Theiss GmbH, A-9431 St. Stefan i. Lav.
1 3 5 7 6 4 2

Ueberreuter im Internet: www.ueberreuter.at

INHALT

Wir machen lange Reisen.
Wir zerbrechen uns den Kopf
über die Bedeutung eines Gemäldes oder Buchs,
wo doch das, was wir sehen und verstehen
wollen, auf dieser Welt wir selbst sind.
(Rumi)

1. DIE RÜCKKEHR DER GEISTER

Seit der Fußball-Weltmeisterschaft in Deutschland ist Tzamarenda Naychapl ein berühmter Mann. Nein, nicht als Spieler, Trainer oder Schiedsrichter sorgte der 36-jährige Ecuadorianer für Aufsehen, sondern durch seinen spektakulären Auftritt im Kostüm eines Schamanen. Um dafür zu sorgen, dass auf dem grünen Rasen und auf den Zuschauerrängen ein Gleichgewicht an positiver Energie aus der Natur herrschte, vollzog er jeweils im Mittelkreis der Stadien ein feierliches Friedens- und Reinigungsritual. »Hat alles nichts gebracht«, meinten später Skeptiker: »Ecuador wurde nicht Weltmeister. Und da war ja auch noch im Finale der Kopfstoß von Zinedine Zidane, der viele Freunde des runden Leders in tiefste Depressionen stürzte!« – »Hat es doch«, erwidert die Gegenseite: »Die WM war ein großes, friedliches Fest der Völker, die befürchteten Ausschreitungen oder Anschläge blieben aus!«

Unterschiedliche Positionen, weit auseinandergehende Meinungen. Dieses widersprüchliche Bild trifft auch zu, wenn man generell das Verhältnis der meisten Menschen zum Phänomen des Schamanismus betrachtet. Für die einen ist es ein uraltes, bewährtes Heilsystem, das im Gegensatz zur naturwissenschaftlichen Medizin den Menschen in seiner Gesamtheit betrachtet und dabei neue spirituelle Wege aufzeigt, für die anderen sind

schamanische Rituale pure Show und exotische Folklore. Die Schamanen selbst werden als die letzten Vertreter einer längst vergangenen archaischen Welt angesehen, die dank der Errungenschaften von Wissenschaft und Technik längst erforscht, archiviert und damit entbehrlich ist. Aber ist wirklich alles entzaubert, sind alle Geheimnisse der magischen Praktiken von unseren Ethnomedizinern, Physikern und Biologen entschlüsselt?
Nicht ganz, sind doch gerade im Bereich des Schamanismus zahlreiche Effekte zu beobachten, die trotz intensiver Bemühungen westlicher Experten bis zum heutigen Tag weder erklärbar noch messbar sind. Die teilweise verblüffenden Heilerfolge werden von der Naturwissenschaft zwar stets als Folgen der Einbildungskraft der Patienten und der Selbstheilungskräfte des Organismus abgetan, trotzdem lichten sich – zumindest was die verwendeten Heilpflanzen der Schamanen betrifft – langsam die Reihen der Skeptiker. Dahinter steht der Trend, dass man sich bei der Suche nach neuen Arzneimitteln immer mehr auf die Natur zurückbesinnt. Inzwischen machen Pflanzenpräparate bereits rund ein Viertel aller Arzneimittelverordnungen aus, Tendenz steigend.
Um neue wirksame Mittel gegen Krankheiten zu finden, durchkämmen Ethnobotaniker die Fauna und Flora des Regenwaldes und erforschen das Wissen indigener Völker. Das Interesse der Wissenschaftler – und unzähliger Pharmafirmen – gilt bei diesen Aktivitäten dem in dieser Hinsicht reichen Erfahrungsschatz einheimischer Schamanen. Im Rahmen der EXPO 2000 wurde das Projekt Shaman Pharmaceutical (Bewahrung der Heilkräfte des Waldes) vorgestellt. Die Ziele sind Zusammenarbeit mit den Bewohnern tropischer Wälder, Etablierung von Gesundheitszentren und Trinkwasseranlagen sowie Sicherung und Verwertung der noch vorhandenen Kenntnisse um die Wirkung von traditionellen Heilpflanzen.[1] Mit derartigen Produkten aus der Schamanen-Apotheke lassen sich in naher Zukunft möglicherweise sogar schwere Erkrankungen wie Diabetes oder Krebs behandeln. Gordon M. Cragg vom amerikanischen National Cancer Institute (NCI) nennt hier konkrete Zahlen. Seiner Ansicht nach stammen 74 Prozent der Antikrebsmittel, die in den vergangenen 20 Jah-

ren auf den Markt kamen, entweder direkt von Naturprodukten ab oder sind zumindest von ihnen »chemisch inspiriert«.[2]

Globale Erscheinung

Von Sibirien bis Ozeanien, von Tibet bis Afrika – die traditionelle Medizin, zu der auch das spirituelle Heilen zählt, spielt in vielen Regionen der Welt weiterhin eine dominante Rolle. Laut Schätzung der Weltgesundheitsorganisation (WHO) haben zwei Drittel der Menschheit keinen Zugang zur modernen Medizin.[3] Hier erfüllen Schamanen noch immer eine wichtige Funktion. Aber auch in vielen Gesellschaften, in denen die medizinische Versorgung bereits durchaus westlichen Maßstäben entspricht, bilden Schamanen die ersten Ansprechpartner, wenn es um psychosoziale Probleme und psychische Erkrankungen geht.

In Lateinamerika konsultieren zehn bis zwanzig Prozent der Bevölkerung regelmäßig Schamanen. In mexikanischen Krankenhäusern können sich Patienten sogar ganz offiziell von Schamanen in Zusammenarbeit mit Schulmedizinern behandeln lassen. Nur die Hälfte der Mexikaner vertraut auf die westliche Heilkunst, der Schamanismus wird nicht als Alternative, sondern als Ergänzung zu wissenschaftlichen Methoden gesehen. Geschätzt wird vor allem der ganzheitliche Ansatz der Schamanen. Dadurch ist die gleichzeitige Behandlung von geistigen und körperlichen Beschwerden möglich. Dahinter steckt die – übrigens auch aus der psychosomatischen Medizin wohlbekannte – Vorstellung, dass körperliche Leiden sehr oft das Resultat emotionaler Probleme oder traumatischer Erlebnisse sind. 1980 wurde von der WHO dem Schamanismus in der Behandlung von psychosomatischen Erkrankungen dieselbe Bedeutung zuerkannt wie der westlichen Medizin.

Das Wort »Schamane« stammt ursprünglich aus dem sibirischen Sprachraum und wird allgemein als »der Wissende« übersetzt. Bezeichnet wird damit heute auf allen Kontinenten »ein breites Spektrum von Personen, die mit Hilfe von Ritualen und spirituellen Kräften auf verschiedene Lebensbereiche, auf Mensch, Natur und Übernatürliches einwirken«[4]. Der Schamanismus ist dabei nichts anderes als ein »Konglomerat von Vorstellungen und Handlungen, die auf Problemlösung hin orientiert sind und bestimmte gemeinsame Merkmale aufweisen«[5].

In archaischen Religionen war der Schamane in erster Linie Heiler, wirkte aber auch als Wahrsager, Opferpriester, Jagd- und Regenzauberer, Hüter der Mythen, Totenführer, Sänger und Künstler.[6] Anfangs beschäftigten sich die Forscher mit dem Schamanentum bei den arktisch-nordasiatischen Völkern, inzwischen hat sich aber die Ansicht durchgesetzt, dass es im Bereich aller Weltreligionen vergleichbare Erscheinungsformen und Techniken gibt. Besonders auffällig sind Ähnlichkeiten bei der Initiation, bei der schamanischen Reise in die Über- und Unterwelten, bei Ekstase und Trance sowie bei der dadurch ausgelösten »Besessenheit« durch Geister, Verstorbene oder Naturwesen.[7] Nach Ansicht des Religionswissenschaftlers Mircea Eliade haben wir es beim Schamanismus jedoch nicht mit einer eigenständigen Glaubensgemeinschaft zu tun. Er vermerkt dazu in seinem Handbuch der Religionen: »Schamanismus ist keine Religion, sondern ein Ganzes von ekstatischen und therapeutischen Methoden, die alle das eine Ziel verfolgen, den Kontakt herzustellen zu jenem andern, parallel existierenden, jedoch unsichtbar existierenden Universum der Geister, um deren Unterstützung für die Besorgung der menschlichen Belange zu erwirken.«

Die neuen Schamanen

Wo das Schamanentum noch Teil der kulturellen und spirituellen Identität eines Volkes ist und über Generationen gelebt wird, haben die Heiler trotz ihrer teilweise – für westlich sozialisierte Menschen – bizarren und kaum erklärbaren Behandlungspraktiken kein Glaubwürdigkeitsproblem. Die einheimischen Klienten haben Vertrauen in ihre Fähigkeiten, denken dabei aber ganz pragmatisch. Unterschieden wird nur zwischen »guten«, das heißt in der Behandlung von Krankheiten erfolgreichen, und »schlechten«, also eher minder begabten Schamanen. Erweist sich ein Schamane als unfähig, so sucht man einfach einen anderen auf.

Aber wie steht es mit der Legitimation der so genannten Neo-, Stadt- oder Alpen-Schamanen in unseren Breiten, die im Zuge der New-Age-Bewegung Mitte der 80er Jahre des vorigen Jahrhunderts erstmals auftauchten und einen bis heute andauernden Boom verursachten? Sie berufen sich bei ihrer Arbeit in den meisten Fällen auf diese indianischen, asiatischen oder afrikanischen Traditionen, aber sind diese auch auf die westliche Kultur mit ihrer materialistischen Weltsicht übertragbar? Auf der Suche nach den wahren Meistern begeben sich US-Amerikaner und Europäer in den Regenwald oder in die Steppe und laden die authentischen Heiler zu Kongressen und Seminaren. Die Schamanen in spe werden oft herzlich aufgenommen, eingeweiht, unterrichtet und manchmal – wie der österreichische Wissenschaftler Thomas H. Macho meint – auch schlichtweg ausgenutzt: »Schamanen, Weisheitslehrer und Geistheiler aus Amerika, Asien oder Afrika rächen sich auf subtile Weise für die erlittene ›Entwicklungshilfe‹, indem sie uns (gegen teures Geld, wie sich versteht) das kleine Einmaleins der Ekstase beibringen.«[8]

Wer im Internet den Suchbegriff »Schamanismus« eingibt, stößt auch in Österreich auf eine unglaublich große Zahl von Personen und Institutionen, die Vorträge und Seminare zum Thema oder schamanische Beratungen anbieten. Das ist aber sicherlich nur die Spitze des Eisberges, denn viele Heiler sind nur durch Mundpropaganda bekannt und verkehren ausschließlich in den gut abgeschirmten Zirkeln Gleichgesinnter. Propagiert werden Behandlungsmethoden, die auch von »echten« Schamanen im brasilianischen Regenwald oder im nepalesischen Hochland ausgeübt werden. Dazu zählen unter anderem die Verabreichung von Heilmitteln (Kräuter, Steine, Amulette, Fetische), Trancereisen, Handauflegen, Massagen, Musiktherapie, kollektive Heilrituale, Opferhandlungen, Zaubersprüche, Weissagungen, Enthexung und Exorzismus.[9]

Menschen, die die Ursache für ihre Lebenskrisen in spirituellen Anschauungen und Praktiken vermuten, nehmen dieses Angebot gerne wahr. Sie hoffen durch Methoden wie Trommeln, Trance, Schwitzhütte oder Medizinrad auf eine deutliche Verbesserung ihrer Lebensqualität. Dahinter steht bei vielen die Sehnsucht nach dem »verlorenen Paradies«, an eine Zeit, in welcher Mensch und Natur noch eine Einheit bildeten. Andere wollen sich von den starren Glaubensdogmen der Kirche lösen und zu einer neuen Spiritualität finden. Und schließlich gibt es noch die Gruppe der unheilbar Kranken, die von der Schulmedizin »austherapiert« und von ihren Angehörigen alleingelassen wurden. Sie sind verzweifelt und auf der Suche nach einer letzten Chance, einem »Wunderheiler«. Sie wissen zwar oft ganz genau, dass »wahre Wunder« nur selten passieren, erhoffen sich aber zumindest eine Linderung ihrer Beschwerden und mentale Strategien, um besser mit ihrer Krankheit umgehen zu können.

Mächtige Gegner

Dass die Euro-Schamanen all diesen komplexen Anforderungen gerecht werden können, wird vor allem von Vertretern der Ärzteschaft, den Krankenkassen und der Kirche bezweifelt. Man befürchtet, dass den selbsternannten Heilern zu viel Macht eingeräumt wird und viele Menschen von ihnen psychisch und emotional abhängig werden. Wolfgang Mischitz, Sektenspezialist in der Familienberatung der Tiroler Caritas, ortet hier sogar »einen Säkularisierungsschub, der dazu führt, dass die Menschen mit Religion nicht mehr umgehen können.« Immer öfter kommen Menschen zu Mischitz, die bei Geistheilern Linderung geistiger und seelischer Leiden gesucht haben. »Solche ›Alpenschamanen‹ (...) können für Betroffene zum Albtraum werden: ›Viele, die beim Geistheiler Hilfe suchten, fühlen sich auf Jahre hinaus verfolgt und haben Angst, dass der angebliche Heiler negativen Einfluss auf sie ausübt.‹«[10]
Ähnlich denken auch die Beauftragten für Sekten- und Weltan-

schauungsfragen der Evangelischen Kirche in Österreich. Im Vorfeld eines Geistheiler-Kongresses in Graz im Dezember des Jahres 2004 warnten die Sektenexperten, dass Geistheiler besonders bei labilen Menschen schwere gesundheitliche Schäden verursachen können. Und das Katholische Bibelwerk der Diözese Linz meint: »Der New Age-Schamanismus hat nichts mehr mit dem historischen Schamanen Sibiriens zu tun. Vielmehr geht es hier um ein Zusammenmischen unterschiedlichster Ideen. Bezüglich Heilung gilt es zu sagen, dass es sicher Heileffekte gibt, die bis jetzt nicht erklärt werden können. Problematisch, unverantwortlich und gefährlich ist jedoch, wenn Heilung von einem einzigen Teilaspekt abhängig gemacht wird. Hier wird auf Kosten der Patienten oft viel zu viel versprochen.«[11] Schließlich zieht auch der Gesetzgeber eine klare Trennungslinie zwischen Schulmedizin und Schamanismus. Nur Ärzte oder Priester im Rahmen ihrer Religionsgemeinschaft dürfen in Österreich einer heilerischen Tätigkeit nachkommen. Wer außerhalb dieses Personenkreises Diagnosen, Therapien und Behandlungen im medizinischen Sinn ausführt, gilt als Kurpfuscher und wird strafrechtlich verfolgt.
Selbst Ärzte haben bei der Ausübung schamanischer Praktiken Konsequenzen zu befürchten. So einigten sich beispielsweise in Oberösterreich Gebietskrankenkasse und Ärztekammer, dass mehrere komplementärmedizinische Methoden – darunter Schamanismus – von Kassenärzten nicht ausgeübt werden dürfen, da sie nicht nachweislich wirksam seien.

Keine Zeit für Patienten

Laut einer Umfrage des Linzer Marktforschungsinstituts »market«, lassen sich die Bewohner der Alpenrepublik von derartigen Wertungen wenig bis gar nicht beeindrucken. Jeder zweite Österreicher ist demnach für Wunderheiler anfällig, 13 Prozent der Österreicher konsultierten schon einmal selbst einen Wunderheiler und weitere 33 Prozent bezeichnen sich gegenüber Wunderheilern als eher aufgeschlossen. Die Arbeit der Schulmediziner wurde dagegen weniger schmeichelhaft gesehen: 45 Prozent (der Österreicher) hegen eine kritische Einstellung gegenüber dem Gesundheitssystem, 42 Prozent meinen, Ärzte würden sich zu wenig Zeit nehmen, und zwei Drittel behaupten, die Mediziner würden zu viel Chemie und zu wenige Naturheilmethoden anwenden«[12].

Angesichts der unglaublichen Fortschritte, die die moderne Medizin in den letzten Jahren gemacht hat, klingt dies einigermaßen paradox. Immer präziser werdende Untersuchungsmethoden, Glanzleistungen der Notfall- und Transplantations-Chirurgen oder die Entwicklung revolutionärer Medikamente sollten die einigermaßen archaisch wirkenden Methoden der spirituellen Heiler eigentlich überflüssig erscheinen lassen. Und doch gewinnen sie in allen Bevölkerungsschichten und Altersgruppen zunehmend an Akzeptanz. Woran liegt das? Eine mögliche Erklärung liegt wohl im Alltagserleben des Patienten begründet. Er sitzt oft stundenlang in überfüllten Arztpraxen oder Ambulatorien, erlebt gestresste Mediziner, die statt auf den Patienten nur mehr auf ihren Computer blicken, und bekommt bisweilen Medikamente verschrieben, bei welchen auf dem Beipackzettel die Nebenwirkungen mehr Platz einnehmen als die versprochenen Wirkungen.

Viele Mediziner bemühen sich zwar redlich um einen näheren Kontakt zu ihren Patienten, müssen ihre Zeit aber immer öfter für verwaltungstechnische Belange opfern. Eine kürzlich veröffentlichte IFES-Studie, die von der Ärztekammer in Auftrag gegeben wurde, illustriert dies mehr als deutlich. Das alarmierende Ergebnis: Spitalsärzte haben immer weniger Zeit für Patienten. Der Zeitanteil für Patienten ist demnach von 63 Prozent im Jahr 2003 auf 58 Prozent geschrumpft. Im gleichen Zeitraum stieg der Anteil der administrativen Arbeit um 13 Prozent auf 34 Prozent. Die fehlende Zeit in der Interaktion zwischen Arzt und Patient sowie der Mangel an Anteilnahme machen vielen schwer zu schaffen. Gerade in Zeiten körperlicher und seelischer Belastungen benötigen die Patienten ein großes Maß an persönlicher Zuwendung, um den Glauben an eine mögliche Gesundung nicht zu verlieren.

Sie wünschen nicht nur eine Bekämpfung der Symptome, sondern eine tiefer gehende Erforschung der Krankheitsursachen, bei der neben dem Körper auch eine spirituelle Ebene angesprochen wird.
In der österreichischen Schamanen-Szene sind neben seriösen Heilern, die das Vertrauen ihrer Klienten weder in psychischer noch in finanzieller Hinsicht ausnützen, natürlich auch viele Scharlatane und selbsternannte »Wunderheiler« unterwegs. Sich vor ihnen zu schützen ist nicht leicht, da sich praktisch jeder – auch wenn er nur das Wochenende in einer Schwitzhütte verbracht hat – als Schamane bezeichnen darf. Verlassen kann man sich hier meist nur auf die eigene Intuition – ist mir diese Person überhaupt sympathisch, geht sie auch auf mich ein, besteht die Gefahr einer Abhängigkeit – oder auf die Auskünfte von anderen Personen, die diesen Schamanen bereits aus Seminaren oder Therapien kennen.
Mittlerweile gibt es auch vereinzelt Ärzte, die auf Wunsch den Kontakt zu spirituellen Heilern vermitteln oder sogar mit ihnen zusammenarbeiten. Das bringt wenigstens ein Mindestmaß an Sicherheit. Und noch etwas: Seriöse Schamanen geben niemals Heilungsversprechen ab, sie befürworten die gleichzeitige Durchführung von regulären medizinischen Therapien und sie sind finanziell desinteressiert. Die überwiegende Zahl der Heiler arbeitet rein auf Spendenbasis!

Liebevolle Zuwendung

Geistiges Heilen ist in Österreich – ganz im Gegensatz zu Deutschland oder Großbritannien – prinzipiell untersagt[13], trotzdem lassen Berichte in den Medien erkennen, dass es durchaus auch zu einer Zusammenarbeit zwischen Medizinern und Geistheilern kommen kann. In der ORF-Sendung »help tv« war zu sehen, dass sich einige österreichische Ärzte aus Interesse zu Geistheilern ausbilden ließen. Erwähnung fand auch eine Studie, bei der erstmals in Österreich die Wirksamkeit von Handauflegen näher

untersucht werden sollte. Angeregt wurde sie von dem renommierten Krebsspezialisten Heinz Ludwig, Vorstand der Onkologie am Wiener Wilhelminenspital.
Dabei wurde eine Gruppe von Krebspatienten von einem »Heiler«, eine zweite Gruppe von einem angeblichen Heiler, nämlich einem Schauspieler, behandelt. Keiner der Teilnehmer wusste natürlich, in welcher Gruppe er sich nun tatsächlich befunden hatte. Verblüffend war jedenfalls, dass sich nach Abschluss des Projekts alle Mitwirkenden deutlich besser fühlten, ganz unabhängig davon, von welchem der beiden Männer sie nun betreut worden waren. Erklärt wurde dies durch den Umstand, dass sich beide »Heiler« um einen intensiven Kontakt mit den Kranken bemüht hatten, sie berührten und auf ihre Ängste eingingen. Durch diese ungewohnte, fast liebevoll zu nennende Zuwendung und Nähe entspannten sich die Patienten, die subjektive Befindlichkeit verbesserte sich.[14]

Heiler in Österreich

Um einen wissenschaftlichen Zugang zum Thema »Geistheiler« bemüht sich Andreas J. Obrecht im Rahmen einer kultursoziologischen Studie, die sich – ohne Partei zu ergreifen – mit der Lebenswirklichkeit, den magischen Praktiken und spirituellen Vorstellungen der Heilerinnen und Heiler sowie ihren Klienten beschäftigt. Bei diesem Projekt hatte man mit der Hälfte der rund 160–180 Heiler, die in Österreich bekannt sind, Kontakt aufgenommen und die Lebensgeschichten von 137 Klienten ausgewertet.
Obrecht geht dabei näher auf den Begriff »Geistheilung« ein: »Unter Geistheilung oder spiritueller Heilung verstehen wir den Heilungsversuch mit Hilfe externer, metaphysischer Wesen und Kräfte. Externe metaphysische Wesen können Geist- und Naturwesen, Heilige der katholischen Kirche, aber auch die Geister bereits Verstorbener oder Außerirdische sein. Der Geistheiler macht sich eine äußere Kraft zunutze, deren ursprünglicher Grund an

einer ›Wesenheit‹ festgemacht wird. In der einfachsten Vorstellung kann dies die Kraft bzw. die Gnade des personalisierten christlichen Gottes sein. Die heilende Wirkkraft wird einem höheren überirdischen Wesen zugeschrieben.«[15] Zwei Varianten des Heilens haben die Forscher in Österreich vorgefunden. Einerseits gibt es volksreligiös-christliche Heiler im ländlichen oder im katholisch-bäuerlichen Milieu, andererseits neo-schamanische Heiler mit ehemals aus außereuropäischen Kulturen stammenden Lehren und Techniken, die zusammengeführt und universalisiert sind.[16]

Interessant war dabei zu beobachten, dass »die überwiegende Mehrzahl der Heilerinnen und Heiler ihre Dienste als Ergänzung zur schulmedizinischen Betreuung anbieten. Sie begreifen Geistheilung also nicht als Alternative, sondern als ein begleitendes, helfendes, den Patienten vor allem auch seelisch stärkendes Instrument auf dem Weg zu einer umfassenden Gesundung«[17]. Primäres Ziel ihrer heilenden Tätigkeit ist die Aktivierung der selbstheilenden Kräfte.[18] Im Prinzip sehen sie die schwersten Erkrankungen als heilbar, es ist ihnen aber wohl bewusst, dass dem individuellen Fall – bedingt durch die Einstellung des Kranken, durch das Wirken externer Mächte oder durch die Person des Heilers – erhebliche Grenzen gesetzt sind.[19]

Was die Erfolge betrifft, so geben immerhin 76 Prozent der Klienten von Geistheilern an, dass sie im Verlauf ihrer spirituellen Behandlung eine eindeutige Verbesserung ihrer subjektiven Befindlichkeit beobachten konnten. Auf die Segnungen der naturwissenschaftlichen Medizin wollten die meisten aber sicherheitshalber trotzdem nicht verzichten: 80 Prozent befanden sich in »Doppelbehandlung«, also kombinierten Geistheilung mit schulmedizinischen Methoden.[20]

Die tanzende Venus

Obwohl sich christliche Mission und Inquisition in Europa konsequent bemühten, alle Spuren schamanischer Traditionen zu beseitigen oder umzudeuten, haben sich über die Jahrhunderte viele Elemente im Volksglauben, in Märchen und Sagen erhalten. Zum Erbe der Schamanen gehört der Glaube an Hexen, Elfen, Geister und Dämonen, aber auch die Vorstellung, dass alles, was uns umgibt, egal ob Stein, Baum oder Berg, belebt und von unsichtbaren Wesen einer anderen Welt bewohnt ist.

Auch sichtbare Spuren gibt es: In der Höhle von Lascaux, der »Sixtinischen Kapelle der Vorgeschichte« in Südfrankreich, entdeckte man über 17.000 Jahre alte Wandmalereien. Urrinder, Wildpferde, Hirsche und Steinböcke zieren die Felswände. Und noch etwas ist abgebildet: ein Mann, der eine Vogelkopfmaske trägt und dessen Körper in verkrampfter, tranceartiger Haltung am Boden liegt. Dessen Seele, symbolisiert durch einen Vogel auf einer Stange, begibt sich auf eine Jenseitsreise. Es handelt sich hier offensichtlich um die Darstellung einer schamanistischen Séance; Vogelmasken zählen zu den Haupttypen der rituellen Kostümierung der Schamanen.[21] Noch älter, nämlich 35.000 Jahre alt, sind Felszeichnungen, die in der Höhle von Fumane nördlich von Verona gefunden wurden. Zu sehen sind zwei Tiere, die mit ockerroter Farbe auf den Fels gemalt wurden, sowie ein Mann, der eine Maske mit Hör-

Der erste Schamane

Als Repräsentant der Götter und Vater des ersten Schamanen wird in Sibirien der Adler verehrt. »Im Anfang gab es nur die Götter im Westen und die bösen Geister im Osten. Die Götter erschufen den Menschen und dieser lebte glücklich bis zu dem Augenblick, wo die bösen Geister die Krankheiten und den Tod auf der Erde ausbreiteten. Die Götter beschlossen, den Menschen einen Schamanen zu geben, der gegen die Krankheit und den Tod kämpfen sollte, und sie schickten den Adler. Aber die Menschen verstanden seine Sprache nicht; außerdem hatten sie kein Zutrauen zu einem gewöhnlichen Vogel. Der Adler kehrte zu den Göttern zurück und bat sie, ihm die Gabe des Wortes zu verleihen (...). Die Götter schickten ihn wieder hinunter mit dem Befehl, der ersten Person, der er auf Erden begegne, die Gabe des Schamanisierens zu verleihen. Wieder auf der Erde angekommen, bemerkte der Adler eine Frau, die neben einem Baum eingeschlafen war, und vereinigte sich mit ihr. Nach einiger Zeit brachte die Frau einen Sohn zur Welt und dieser wurde der ›erste Schamane‹.«
(Mircea Eliade: Schamanismus und archaische Ekstasetechnik, Frankfurt am Main 1974, S. 78f.)

nern trägt. Man vermutet ähnlich wie in Lascaux, dass es sich hierbei um die Darstellung eines Schamanen aus der Steinzeit handelt. Aber warum in die Ferne schweifen? Ein spektakulärer archäologischer Fund beweist, dass auch Österreich in der Geografie des Schamanismus eine bedeutende Rolle spielte.
Verantwortlich für diesen Status ist eine 7,2 Zentimeter große Frauenstatuette aus stark grünlich glänzendem Schiefer, die Ende der 1980er Jahre am Galgenberg bei Stratzing bei Krems-Rehberg ausgegraben wurde. Geschätztes Alter: rund 32.000 Jahre und damit vermutlich die älteste Frauenplastik der Welt. Sie ist damit 7.000 Jahre älter als die berühmte »Venus von Willendorf«, aber weitaus graziler als ihre eher rundlichere Konkurrentin. Wegen ihrer tänzerischen Haltung wurde die »Venus vom Galgenberg« umgehend in »Fanny« – nach der berühmten Tänzerin Fanny Elßler – umgetauft, doch hinter der Darstellung einer sich bewegenden Frau dürfte weitaus mehr stecken als eine Balletteuse aus der Steinzeit.
Man vermutet, dass ihr Blick nach oben eine Hinwendung zu einer jenseitigen Vorstellungswelt andeutet, und die Haltung, die an eine Bewegung wie im Tanz und auch an eine Trancepraktik erinnert, ihre Mittlerrolle zwischen Dies- und Jenseits symbolisiert. Stimmt diese Annahme, dann haben wir es nicht mit »Fanny«, sondern mit der »Schamanin vom Galgenberg« zu tun!

Die Welt des Glücklichen
ist eine andere als die des Unglücklichen.
(Ludwig Wittgenstein)

2. HÜTER DER SEELE

Kranke Seele, kranker Körper – das lehrt uns die Psychosomatik. Aber was ist eigentlich die »Seele«, wie ist sie beschaffen, woher kommt sie und was passiert mit ihr im Augenblick des Todes? All diese Fragen werden seit Beginn der Menschheitsgeschichte gestellt und es gibt dementsprechend viele Antworten, aber keine Gewissheit. Vermutet wird, dass es den Glauben an Geister, unsterbliche Wesen und ein Weiterleben nach dem Tod wahrscheinlich bereits vor rund hunderttausend Jahren gegeben hat. Schon die Neandertaler pflegten die Verstorbenen in einer Weise zu bestatten, die zwingend den Glauben an eine Fortexistenz nach dem Tod, an eine Wiedergeburt, voraussetzt.[22] Die Toten wurden gekrümmt und mit eng angezogenen Beinen, in der Haltung des Kindes im Mutterleib vor der Geburt, beigesetzt.

Bei jungsteinzeitlichen Steinkistengräbern entdeckten die Forscher seltsame Öffnungen, die offensichtlich nicht als Eintrittsmöglichkeit gedacht waren, sondern als so genannte »Seelenlöcher« eine spirituelle Bedeutung besaßen. Man nimmt an, »dass für die Bestatteten ein symbolischer Zugang zu der Welt der Lebenden geschaffen werden sollte, der dem Himmelsnordpol – dem Drehpunkt der Weltachse – entspricht. Das ›Seelenloch‹ ist damit auch als Zugangsmöglichkeit zur Überwelt des Himmels zu betrachten und stellt für den in das Jenseits eingegangenen Toten die Möglichkeit dar, Unterwelt, Menschenwelt und Überwelt zu verbinden«.[23]

Ein Hauch im Wind

Die Seele galt bei den Frühmenschen als unsichtbares, hauch- oder schattenartiges Wesen, eine Art Geist, der im Körper wohnt und als eigenständiges Wesen in ihm wirksam ist.[24] Tiefe Verehrung zollte man in diesem Zusammenhang den Tier- und Ahnengeistern. Sie waren nichts anderes als die Seelen der Toten, die nach dem Tod in Tiergestalt, vor allem als große Vögel, in der Gemeinschaft präsent blieben. Diese Tradition, die im Norden Amerikas und in Sibirien weiterlebt, geht davon aus, dass die Luft, der Lebensraum der Vögel, das Geisterreich bildet. Als Zeichen der Wertschätzung für die Tiergottheiten wurden Totempfähle errichtet, jeder Stamm besaß sein eigenes Totemtier.[25] »Das Tier ist das älteste Symbol für jenen Menschen, der in seine Natur zurückkehrt, die Grenzen seines sozialen Körpers verlässt. In Tiere verwandeln sich die Schamanen; in Tiere verwandeln sich aber auch – nach altem Glauben – die Toten.«[26]

Ein wesentlicher Aspekt des Ahnenkults war auch, dass man den Verstorbenen übermenschliche Fähigkeiten zutraute und deshalb versuchte, bei Problemen mit ihnen in Kontakt zu treten. Bei den Germanen trat man an das Grab des jeweiligen Toten und versuchte ihn durch feierliche Rufe, Beschwörungen und Runensprüche (Hellirunen) zu wecken, bei den Kelten existierte das seltsame Ritual des »Grabschlafes«, wobei sich für besonders empfänglich gehaltene Männer auf den Gräbern ihrer Vorfahren zur Ruhe betteten: »Wenn die Geister Botschaften zu übermitteln hatten, fuhren sie in den Körper der Schlafenden, die sich in Anfällen schüttelten. Die besessenen Männer pflegten zu zittern und die Botschaften ›von der anderen Seite‹ herauszuschreien.«[27]

Zum Totenkult der Kelten gehörte es, in Irland große Feste zu Ehren eines verstorbenen Vorfahren oder einer Gottheit zu feiern, irische Könige wurden häufig an den Begräbnisplätzen ihrer Vorgänger ins Amt eingesetzt.[28] Die Kelten fürchteten sich nicht vor dem Tod. Sie glaubten an ein Weiterleben nach dem Tode und an eine Wiedergeburt als Mensch oder Tier. Für sie war das Leben nach dem Tod eine Verlängerung der irdischen Existenz mit denselben Annehmlichkeiten wie in dieser Welt, nur intensiver: »Es war ein Ort, wohin die Sterblichen gehen, und von dem die Unsterblichen in das Reich der Lebenden zurückkehren können.«[29] Die Druiden sprachen von einer »glücklichen ›anderen‹ Welt, einem Land oder einer Insel andauernder Jugend und Freude«.[30] Diese Vorstellung von der Unterwelt als ein »Land der Jugend«, in dem die Zeit keine Macht hat und niemand altert, lebt bis heute in den irischen Elfenmärchen weiter. Es soll eine Welt unter dem Wasser sein, mit Sonne, mit Feldern und Wäldern, mit Städten und Palästen wie auf der Oberwelt, nur alles viel prächtiger.

Alles lebt

»Der Seelenglaube unserer frühesten Vorfahren, der (...) heute noch bei den Eskimos, Nomaden (...) zu finden ist, wird Animismus genannt (von lateinisch anima = die Seele). Denn für sie ist nicht nur der Mensch, sondern die gesamte Natur beseelt. Was der vorgeschichtliche Mensch unter Seele verstanden hat, ist freilich grundverschieden von dem, was wir heute unter dem Begriff des Psychischen verstehen.«[31] Korrekterweise müsste man daher statt von einem Seelen- eher von einem Geisterglauben sprechen, da für diese Menschen alle Dinge ihrer Umgebung von höchst realen Geistern und Dämonen erfüllt waren. Die Dinge gewannen Existenz durch eine ihr Wesen ausmachende, gleichsam individuelle, »persönliche« und damit »beschwörbare« Kraft. »Die zauberische Person redet mit dem Gegenstand wie das Kind mit dem Tisch, an dem es sich gestoßen hat und den es unter dem Ausruf ›Du böser Tisch!‹ schlägt. Diese Vorgangsweise ist identisch mit der des Xerxes, der bei seinem Zug gegen Griechenland (...) den ›widerspenstigen‹ Hellespont, dessen stürmische Wellen die Schiffsbrücke der Perser zerstört hatten, mit Geißeln peitschen ließ.«[32]

Alles nur alte phantastische Geschichten, gut erzählt? Vielleicht, aber eine merkwürdige Begebenheit aus dem vergangenen Jahrhundert zeigt, dass der Animismus noch nicht ganz aus dem Bewusstsein der Menschen verschwunden ist. »Im Jahre 1935 kam bei einem schweren Autounfall des belgischen Herrscherpaares in der Schweiz Königin Astrid ums Leben. Das Auto, welches aus dem See gehoben und stark beschädigt in einer Garage aufbewahrt worden war, wurde auf besonderen Wunsch des Königs von einem Raupenschlepper an Ort und Stelle gebracht und im Rahmen eines ›kurzen, aber feierlichen Aktes‹ im See versenkt. Hohe Beamte der Schweizer Bundesregierung und der belgische Botschafter wohnten der Zeremonie bei.«[33]

Es liegt deutlich auf der Hand, dass durch diese seltsame Seebestattung ein »schuldiges« und damit »beseeltes« Fahrzeug bestraft werden sollte. Der Glaube an die belebte Natur, an das Wirken von Tiergeistern, Dämonen und Fabelwesen, an heilige Berge und Orte der Kraft, bestimmte auch noch lange nach der Christianisierung das Denken der Menschen. So war es noch bis ins 16. Jahrhundert verboten, den Berg Pilatus in der Schweiz zu besteigen, da man dort die Heimat von Zwergen, Drachen und Geistern vermutete. Störte man die Ruhe dieser Wesen, drohten Unwetter und Verwüstungen im Tal.[34]

Handelt es sich hier nur um den Aberglauben und die überholten Vorstellungen hinterwäldlerischer Älpler? Sicher nicht, denn obwohl die alten Götter längst verschwunden sind, gibt es auch heute noch viele Überschneidungen zwischen Christen- und Heidentum. Man denke nur an die noch heute gepflegte Sitte, sich mit Amuletten und Glücksbringern gegen die Widrigkeiten des Lebens zu schützen. Früher trug man gefaltete Papiere mit Segenssprüchen oder Heiligenbildchen bei sich. Das sollte gegen den »bösen Blick« und das »Verschreien« helfen. Beliebt waren auch »Schluckbilder«, geweihte briefmarkengroße Marienbildchen, die Halsbeschwerden oder Husten beseitigen sollten. Durch Amulette in Form eines Tierzahnes sollte die Kraft der wilden Kreatur auf den Träger übergehen. Glückssymbole wie der Fliegenpilz oder der vielblättrige Klee stammen noch aus den Zeiten der Schamanen und Druiden.

Wenn die Heiligen Drei Könige C+M+B auf die Türe malen, bedeutet dies nicht Caspar, Melchior und Balthasar, sondern »Christus mansionem benedicat« (»Christus segne dieses Haus«). Damit wurde erfolgreich die alte germanische Sitte überlagert, dass man um die Neujahrszeit die germanischen Nornen Urd, Werdandi und Skuld an den Tisch bat, wozu man Zeichen an der Tür anbrachte und für sie drei Gedecke auflegte. Die Nornen waren die Herrscherinnen des Geschicks und fähig, sich in Schwäne zu verwandeln. Sie leben in vielen Märchen und Erzählungen als Feen oder Schwanenjungfrauen, wie etwa im Ballett »Schwanensee« weiter.

Eine weitere wichtige christliche Tradition, die Wallfahrt, fußt in der Gewohnheit der Menschen, sich zwecks Gesundung der Seele an heilige Orte zu begeben. Um etwaigen Missverständnissen vorzubeugen, wurden die alten, heidnischen Kultplätze relativ zügig mit Kirchen oder Kapellen überbaut. Bestes Beispiel ist die berühmte Kathedrale von Chartres. Sie steht an der Stelle eines heiligen Eichenhains, in dem sich gallische Druiden zu Anbetung und Opfer versammelten.[35] Auch sonst ging die Kirche in Bezug auf verehrungswürdige Personen kein Risiko ein: Die alten Götter und Göttinnen wurden vielfach einfach zu christlichen Heiligen oder Märtyrern umfunktioniert. Wenn dies nicht möglich war, wurden sie zu Dämonen, Teufeln oder Hexen stilisiert. Auch was die Menschen unter dem Begriff »Seele« zu verstehen haben, wurde von der Kirche vorgegeben. 869 n. Chr. entschied ein Konzil, dass der Mensch ausschließlich aus Leib und Seele besteht. Bis dahin »gab es noch eine dritte Instanz, die Psyche, die sich leichtfüßig zwischen den beiden anderen Instanzen hin und her bewegte«[36].

Die wilde Jagd

Die Vorstellung von der »Windnatur« der Seele lebt vor allem im Volksglauben und in den Sagen der Alpenländer weiter. In Tirol meinte man, dass die Seele eines Tugendhaften als weißes Wölkchen aus dem Mund schwebt. Bei Menschen, die eines gewaltsamen Todes gestorben waren, brauste die Seele nicht als Wind, sondern als heftiger Sturm davon. Im Unterinntal fuhren diese armen Seelen im »Allerseelenwind« dahin, in Nordeuropa waren sie Teil des »wütenden Heeres« bzw. »der Wilden Jagd«. Dieser Jagdzug der Seelen, der während der zwölf heiligen Nächte der Jahreswende (Raunächte) unterwegs war, stand unter der Führung des Gottes Wotan.[37] Er galt bei den Germanen als Gott der Ekstase, des Windes, des Sturmes, des Atems und damit auch der Seelen, der Toten und des Jenseits. Eine alte Quelle berichtet recht drastisch über die »Wilde Jagd«: »Wer sie kommen sieht, muss sich flach auf die Erde fallen lassen oder unter etlichen Brettern (...) Schutz suchen, sonst wird derjenige durch die Luft entführt und hunderte Meilen entfernt von zu Hause abgesetzt (...). Noch gefährlicher ist es, aus dem Fenster zu schauen, wenn Wotan vorbeifegt. Der unbesonnene Mann wird getötet oder bekommt wenigstens einen heftigen Schlag auf sein Ohr, der seinen Kopf anschwellen lässt, bis er so groß wie ein Eimer ist, und eine brennende Stelle auf seiner Wange bleibt. In einigen Fällen wird der Unglückliche blind oder verrückt.«[38]

Der alte Wotan, in anderen Gegenden auch Odin, Woden oder Wutan genannt, ist noch in anderer Hinsicht bemerkenswert: Er ist der Weiseste der Asen und trägt zusätzlich deutliche schamanische Züge. Um in den Besitz allumfassenden Wissens zu gelangen, »reist er durch alle Welten und hängt sich, mit der eigenen Lanze verwundet (...), an den Weltenbaum. Dann bricht er Zweige vom Weltenbaum und wirft sie auf die Erde, wo sie sich zu den Runen, Buchenstäbchen und Buchstaben formieren, die das geheime Wissen in sich tragen. Durch das selbstgeopferte Blut werden die Runen zauberkräftig: sie schenken das ihnen eigene Wissen.«[39] Wotan opfert Mimir, dem Hüter der Quelle an den Wurzeln der Weltesche Yggdrasil eines seiner Augen, um aus dem Brunnen der Erkenntnis trinken zu dürfen und damit in die äußere und innere Welt sehen zu können. Alles deutliche Hinweise auf die im Fall von Wotan sehr schmerzvolle Initiation eines Schamanen.

Auch an seinen Begleitern – vermutlich Tiergeister – erkennt man die schamanische Berufung: Während die Raben Huginn und Muninn (»Gedanken« und »Gedächtnis«) ihm alles erzählen, was auf der Erde geschieht, verzehren seine Wölfe Geri und Freki (»der Gierige« und »der Gefräßige«) die Speisen, die ihm in Walhall vorgesetzt werden, da Wotan sich ausschließlich von Wein ernährt.

Die letzte Reise

Damit die Seelen der Verstorbenen nicht ruhelos umhergeistern und in Gestalt von Wiedergängern, Gespenstern oder Dämonen die Lebenden plagen, wurden genau festgesetzte Totenrituale durchgeführt. Ziel war es, den Verstorbenen eine möglichst ungestörte Reise ins Jenseits zu ermöglichen. Man unterscheidet hier zwischen Trennungs-, Umwandlungs- und Angliederungsriten: »Die Trennungsriten unterstützen die Verarbeitung des aktuellen Schocks, der vom Eintritt des Todes – als Auftritt der Leiche – hervorgerufen wird. Die Umwandlungsriten (...) begleiten die Zeitspanne des (...) ›Zwischenzustandes‹, während die Angliederungsriten einerseits den endgültigen ›Heimgang‹ der Toten, ihre dauerhafte Einbürgerung ins Schattenreich, andererseits aber die soziale Reintegration der trauernden Hinterbliebenen besiegeln.«[40]
Wie dies in der Praxis vor sich ging, belegen Praktiken aus Deutschland. So war es üblich, »beim Eintreten des Todes ein oder mehrere Fenster, die Türe, die Luke oder gar die ›Dachplatte‹ zu öffnen, dass die Seele bequem hinwegfliegen könne«[41]. Zusätzlich wurde jeder Topf umgekehrt, damit die Seele unterwegs nicht unterschlüpfen kann, und das Geschirr des Toten zerschlagen, damit es ihn nicht festhält. Um ihn nicht aufzuregen, durfte kein Spinn- oder Wagenrad rundum gehen. Damit der Tote nicht zurückkehren kann, wurde die Leiche an vielen Orten so aus dem Bett getragen, dass ihre Füße in Richtung der Tür blieben. Neben einer ausführlichen Totenklage, bei der die Verdienste des Dahingeschiedenen gebührend gewürdigt wurden, sowie einer feierlichen Beisetzung samt üppigem Leichenmahl musste

nicht zuletzt auch für die Unterhaltung des Toten gesorgt werden.

Noch bis ins 18. Jahrhundert waren Singen und Lachen, Tanz und Vermummung bei Leichenwachen an der Tagesordnung. Alle Rituale hatten den Zweck, den Toten mit seinem Schicksal auszusöhnen und verlässlich zu verhindern, »dass der Gestorbene sich an den Hinterbliebenen rächt, dass er zurückkehrt, um seine Angehörigen ›nachzuholen‹. Die sorgfältig kultisch geregelte Begleitung der ›letzten Reise‹ garantiert daher auch, dass er sein Reiseziel (das ›Jenseits‹) wirklich erreicht.«[42] Man war an einer dauerhaften Ansiedlung der Toten im »Jenseits« interessiert und veranstaltete daher an bestimmten Festtagen – etwa zur Wintersonnenwende – Zeremonien, die »eine zeitlich begrenzte und streng geregelte ›Rückkehr‹ der Toten simulierte. Solche Inszenierungen sind (...) keineswegs unlogisch; denn jede Grenze lässt sich dauerhaft nur behaupten, wenn sie gelegentlich geöffnet wird. Deshalb versuchten zahlreiche Gesellschaften, den sozialen Kontakt mit ihren Toten aufrechtzuerhalten und sie an bestimmten Orten und zu bestimmten Zeiten auch ›auf Besuch kommen‹ zu lassen.«[43] Thomas Macho verweist hier auf eine Frühlingszeremonie bei den alten Griechen, bei der die Toten in symbolischer Form – als maskierte Gestalten – die Lebenden besuchen durften. Die Erinnerung an derartige »Totenbesuchsfeste« schwingt noch in unseren Karnevalsgebräuchen oder bei den traditionellen »Perchtenläufen« mit.

Arme Seelen

In Tirol glaubte man, dass die armen Seelen, die noch im Fegefeuer verharren müssen, jeden Samstag zu Besuch kommen. Um ihre Brandwunden zu salben, legte man deshalb ein Stück Butter auf den Dreifuß des Herdes. In der Allerseelennacht heizte man ein, damit sich die Seelen wärmen konnten, stellte Krapfen, Milch und besonders geformte Kuchen für sie auf den Tisch. In der Schweiz glaubt man noch heute, dass unerlöste Seelen umgehen und Schaden an Mensch und Tier verursachen. Der Ethnologe Kurt Lussi berichtete in einem Interview mit dem Ö1-Rundfunk von zwei alten Männern, die im Luzerner Hinterland von den Bauern gerufen werden, wenn es Krankheiten im Stall gibt. Werden unerlöste Seelen von Toten als Verursacher ausgemacht, so werden diese aus dem Stall gebannt. In den Schweizer Alpen hört man noch heute den Almsegen, den der Senner singt, um damit umherirrende Seelen oder bösartige Dämonen zu vertreiben.[44]

Im Reich der Elfen

Besonders hell leuchtet der Glaube an übersinnliche Wesen und Naturgeister – in diesem speziellen Fall an Elfen – in Island. Hier kam es vor einigen Jahren zu einer Konfrontation eines öffentlichen Bauamtes mit dem einheimischen Elfenvolk. Es ging damals, 1995, um den Ausbau des Westfjord Highway bei dem Dorf Búdardalur: »Als ein Felsen, der dem geplanten Verlauf der Route im Wege stand, entfernt werden sollte, gab es eine Panne nach der anderen. Baumaschinen brachen zusammen, kleine Unfälle häuften sich. Anrainer kannten Geschichten über Elfen, die in der Felsgruppe zu Hause sein sollten, und machten diese dafür verantwortlich. (...) Eine Frau, die aus der betroffenen Gegend stammte und für ihre medialen Fähigkeiten bekannt war, versprach, den Fall gütlich zu lösen. Durch Handauflegen auf den Stein führte sie eine Befragung der Übersinnlichen durch. Ergebnis: Der störende Fels selbst war gar nicht behaust, die Elfen wohnten ein paar Felsen weiter, fühlten sich aber dennoch irritiert, vielleicht sogar verärgert. Doch die unsichtbaren Wesen ließen mit sich reden. Der Stein durfte von den Arbeitern vorsichtig und unter Anleitungen, die über das Medium vermittelt wurden, in Richtung ihrer Heimstätten bewegt werden.«[45] Danach gab es an diesem Ort keine Probleme mehr. Auch bei anderen Bauprojekten achtete man rücksichtsvoll auf das kleine Volk und nahm dabei sogar Unkosten für eine abgeänderte Trassenführung in Kauf.[46]

Wächter & Begleiter

In Gesellschaften, wo das Schamanentum noch lebendig ist, ist es die Aufgabe des Schamanen, sich der Seelen der Abgeschiedenen anzunehmen und zu den Ahnen ins Totenreich zu geleiten. Er kann vor allem deshalb als »Reiseführer« fungieren, »weil er bereits selbst in das gefährlich-mysteriöse Totenland gefahren ist, weil er die Wege und Fallen kennen gelernt hat, denen die einsame Seele auf ihrem nächtlichen Fluge begegnen wird«.[47] Der Stamm stand hier dem Problem gegenüber, dass sich eine Freiseele unwiderruflich aus dem Körperverbund gelöst hatte und sichergestellt werden musste, dass sie ins Totenreich zu ihren Vorfahren fand und nicht vom Weg abkam, sich verirrte und dadurch aus Verzweiflung und Zorn, dass ihr sowohl der Heimgang zu den Ahnen als auch die Möglichkeit zur Wiederverkörperung versagt blieben, zum rachsüchtigen Unheilsgeist wurde.
Dass die Ahnen zurückkehren und die Lebenden in erhebliche Schwierigkeiten bringen können, illustriert Amélie Schenk, Völkerkundlerin und Schamanenforscherin, anhand einer Beobachtung in der Mongolei: »Die Menschen haben böse Träume, oder es passieren Unglücksfälle, Unfälle, Fallen vom Pferd, Autounfall, es kann plötzlich Hautkrankheiten geben, andere Beschwerden, die den Menschen unruhig machen und die irgendwie das Leben durcheinanderbringen und fast sogar an den Rand des Todes führen. Und dann sind die Menschen schon ein bisschen hellhörig geworden und gehen zum Schamanen. Dieser Schamane stellt dann fest, was ist, vielleicht ist der Mensch, der Onkel, der Vater, nicht gut hinübergegangen und haftet der Diesseitswelt noch an und will immer zurückkehren. Und dann muss eine Zeremonie gemacht werden. Die schamanischen Zeremonien, sie heißen ja gar nicht so hochtrabend in der Mongolei, sondern da sagt man dann, man macht Korrektur. Das heißt, es wird geopfert mit dem, was in der Kultur üblich ist, es wird Wacholder abgebrannt, in der Ost-Mongolei ist es Thymian, dann wird Milch aufgestellt, also das Weiße, ebenso das Schwarze, das wäre jetzt der Schnaps oder der Wodka. Davon wird verspritzt und dann wird gerufen.

Der Schamane ruft, und er ruft erst einmal, indem er die Anwesenden vorstellt mit dem Namen, mit dem Geburtsjahr. Dann wird der Verstorbene gerufen, indem er beschrieben wird in all seinen Charaktereigenschaften, und je genauer, je heftiger er beschrieben wird, umso eher und klarer kann er kommen, und das kann dann so aussehen, dass der Schamane plötzlich so ist, wie der Verstorbene war, also so geht, so spricht, die ganze Körperhaltung die des Verstorbenen ist, und die Leute sagen dann: ›Siehst du, das ist doch dieser J… gewesen, genau so‹, und dann ist es, wie wenn der Verstorbene in den Körper des Schamanen eingeschlüpft ist, und ein Helfer, den es meistens gibt, redet dann mit ihm und verhandelt mit ihm und sagt: ›Du bist jetzt eigentlich nicht mehr von dieser Welt, du musst in die jenseitige Welt gehen, du hast hier nichts mehr zu tun‹, und dann wird verhandelt, indem ihm vielleicht Opfer angeboten werden, indem versprochen wird, einmal im Jahr machen wir eine Zeremonie für dich, einmal werden wir dich rufen, werden wir Opfer geben, du musst aber jetzt hinübergehen, du bist jetzt nicht mehr von dieser Welt.«[48]

Der Schamane ist aber nicht nur für die Seelen der Verstorbenen zuständig, sondern auch für die der Lebenden. Er ist »der große ›Spezialist‹ für die menschliche Seele, er allein ›sieht‹ sie, denn er kennt ihre ›Gestalt‹ und ihr Schicksal«[49]. Seine Hauptfunktion »war die Hut der Seelen, die nicht nur den Einzelnen, sondern die Gruppe insgesamt am Leben erhielten, ja ihr letzten Endes Unsterblichkeit verliehen. (…) Schamanen waren so wahre ›Seelenhirten‹ (…) indem sie (…) die Voraussetzungen zum Seelenerhalt zu gewährleisten hatten: prophylaktisch durch die Abwehr jeder Art von Bedrohung, die Sicherung günstiger Witterungsbedingungen, des Nahrungserwerbs und der Reproduktionsfähigkeit, unmittelbar therapeutisch, wenn es zu Störungen im Verhältnis zwischen Menschen und Geistmächten gekommen, das heißt aufgrund von Verfehlungen jemand erkrankt bzw. einem Geisteranschlag erlegen war oder seine Zeugungs- und Konzeptionsfähigkeit eingebüßt hatte, Epidemien ausbrachen oder Naturkatastrophen die Existenz der Gruppe bedrohten. Der Schamane heilte dann nicht lediglich Leib und Seele oder die gestörte, lebensnotwendige Wechselbeziehung beider, sondern auch den Bruch im Verhältnis der Gruppe und ihrer Umwelt, in letzter Instanz also half er auch den Geistmächten, die über Land- und Seetiere, Pflanzen, den Bodenertrag, Regen und Winde geboten. Er erkundete die Gründe, vermittelte, veranlasste die erforderlichen Sühneleistungen und Opfer, bemühte sich, durch versöhnende Maßnahmen und Begütigung die gebrochene Harmonie wiederherzustellen.«[50]

Seele in Gefahr

Hintergrund dieser mannigfaltigen Tätigkeiten war die Vorstellung, dass sich der Körper des Menschen aus der vergänglichen Physis, der weniger vergänglichen Vital- und der leibunabhängigen Freiseele zusammensetzte. Die Vitalseele hielt seine organische Funktionsfähigkeit aufrecht; ihr verdankte der Körper seine Leistungsfähigkeit. »Leben im eigentlichen (...) Sinne jedoch verlieh dem Menschen allein die Freiseele, die ihm noch im Mutterleib, in den ersten Monaten vor der Empfängnis, von außen, das heißt vom Vater während eines Beischlafes oder von einer Geistmacht übermittelt wurde.«[51] Unmittelbar unter der Schädeldecke gelegen, galt sie »als Sitz des Bewusstseins, als Zentrum der Gedanken- und Vorstellungsbildung, verlieh dem Menschen Erinnerung wie Imagination, Erkenntnisvermögen und Konzentration wie Willenskraft. Sie war entscheidend für das soziale Zusammenleben«[52]. Leib und Vitalseele bildeten eine feste Einheit, getrennt voneinander waren sie nicht lebensfähig. Anders verhielt es sich dagegen bei der Freiseele.

Sie konnte sich – etwa im Schlaf oder bei Schwächezuständen – durchaus vom Körper lösen, wobei sie sich manchmal in der Umgebung des Schläfers oder bis ins Jenseits fortbewegte. Diese offensichtliche Bindungsschwäche wurde als großes Risiko für die seelische Gesundheit angesehen. Als voll gesund galt der Mensch damals nur, »wenn Leib, Lebens- und Freiseele eine sicher geschlossene Funktionseinheit bildeten, ein Teil also die anderen durch wechselwirkende Bindung fest im Verband hielt«.[53] Die Gesundheit konnte demzufolge durch Schädigungen der Physis, der Vital- und der Freiseele beeinträchtigt werden.

Physische Verletzungen wurden durch Alltagstätigkeiten verursacht, man wurde vom Pfeil eines Gegners getroffen oder schnitt sich beim Holzschneiden. Andere Ursachen wurden vermutet, wenn die Lebenskraft schwand und die Betreffenden sich antriebslos und matt fühlten. Hier sah man als Ursache die feindseligen Gefühle anderer, den »Bösen Blick«, den Kontakt mit Verrottendem oder Verwesendem, oder den Zauber Missgünstiger. Höchste Gefahr für die Freiseele bestand, »wenn jemandem plötzlich ein ›lähmender‹ Schreck widerfuhr, so dass die physischen Bande gleichsam kurzfristig nachgaben und die Seele, verwirrt, entkam, wenn Menschen in einen heftigen Streit und dabei ›außer sich‹ gerieten, wenn ein übelwollender Geist Besitz von der Seele ergriff, indem er sich zu ihr in den Leib drängte oder sie auf ihren Traumreisen abfing und quälte, vielleicht gar in die Irre schickte, so dass sie nicht mehr zurückfand. Letzteres führte zu Ohnmachtsanfällen und im Extremfall zum Tod des Opfers; Ersteres löste Besessenheitszustände (...), Halluzinationen, unter Umständen anhaltende schwere Psychosen aus.«[54]

Alle Verletzungen, Unfälle und Erkrankungen sah man in einem eigenen oder dem Verschulden naher Angehöriger begründet. Es waren Warnsignale oder Strafakte der Ahnen und Götter dafür, »dass Menschen den Jenseitigen nicht die gebührende Aufmerksamkeit gezeigt, Opfer unterlassen oder frevlerische Reden geführt, Tabus gebrochen, Regeln verletzt und damit gegen die aus grauer Vorzeit von ihren Ahnen überlieferten Traditionen, in letzter Instanz wider die heiligen Schöpfungsordnung verstoßen hatten«[55]. Eine verlässliche Hilfe bei der Rettung der Freiseele »war (...) nur von einem Mitmenschen zu erwarten, der über die erforderlichen Kenntnisse, Gaben und Mittel gebot, mit Seelen umzugehen und Kontakt zu den Jenseitsmächten aufnehmen zu können, die in letzter Instanz das Geschehen auf Erden bestimmten. Dieser Mensch war der Schamane. Er besaß die Fähigkeit, sich seiner eigenen Freiseele (...) willentlich zu ›entäußern‹ und sie auf Reisen ins Jenseits zu schicken. Da die Aufgaben, denen sie sich dort gegenübersah, schwierig und gefahrvoll waren, zählte auch zu den Gaben, die seinen Bemühungen verstärkte Erfolgsgewähr verliehen, sich helfende Geister zu verpflichten, die ihm assistierten und Sorge für seinen Schutz trugen.«[56]

Bei seinen gefährlichen Jenseitsreisen war der Schamane vollkommen auf den Beistand der Hilfs- und Schutzgeister angewiesen. »Beide (...) stellten aber (...) unterschiedliche Geisttypen mit unterschiedlichen Aufgaben und Zuständigkeiten dar. Erste waren gewöhnlich ›Naturgeister‹, also etwa Quellen-, Baum-, Wald- oder Berg-, vor allem jedoch Wildgeister. Sie traten daher bevorzugt in Tier-, beispielsweise in Fuchs-, Otter-, Schlangen-, Wolf-, Tiger-, Eulen- oder Raben-, aber auch in Menschengestalt, auf bzw. konnten sie beide Erscheinungsweisen nach Belieben wechseln. Manchmal standen auch die Seelen verstorbener Schamanen (aus der je eigenen Sippe) den Lebenden als Hilfsgeister bei.

In der Regel besaß ein Schamane ihrer mehrere, seltener nur einen einzigen (...). Mit ihrer Zahl wuchs die Wirkmächtigkeit des Schamanen, nicht allein in numerischer, auch und mehr noch in qualitativer Hinsicht. Jeder Geist besaß seine spezifischen Eigenschaften und Kenntnisse, die der Schamane entsprechend nutzen konnte. (...) Manche waren geradezu auf bestimmte Krankheiten, wie Tuberkulose oder Pocken, spezialisiert, andere kannten sich besonders in der Behandlung von seelischen Leiden oder in der Geburtshilfe aus.«[57]

Diagnose & Therapie

Um eine Diagnose bei schweren, psychischen Leiden stellen zu können, versetzt sich der Schamane in Trance und sendet seine Seele oder auch seine Hilfsgeister aus, um zu erkunden, welcher Art die Krankheit ist, wer sie »geschickt« hat und ob Zauber oder ein Geisteranschlag vorliegt. »Je nachdem wie das Ergebnis ausfiel, entschied sich der Schamane für seine Therapie. Hatte die Diagnose ergeben, dass die Krankheit von einem ›Fremdstoff‹ im Körper des Patienten herrührte, legte er seinen Mund auf die betreffende Stelle und ›saugte‹ die Substanz – ohne die Haut zu verletzen – ›heraus‹. (...) Anschließend zeigte er das Gefundene vor: einen Kiesel, ein Stöckchen, einen Dorn, ein Insekt, einen Wurm, ja eine kleine schwarze Eidechse. War ein Geist in den Körper eingedrungen und hatte sich der Seele des Patienten bemächtigt, so dass dieser an psychischen Störungen – vor allem unter Besessenheitszuständen – litt, bediente sich der Schamane exorzistischer Mittel. Er suchte den Geist entweder durch Lärmen, mit Schellen zum Beispiel, fortzuschrecken (...) oder bot seine Hilfsgeister auf, ihn zu vertreiben.«[58]

Das Heilritual konnte sich über mehrere Tage erstrecken und wurde in Begleitung von Angehörigen, vielfach auch der ganzen Gemeinschaft vollzogen. Das erzeugte ein Gefühl von Verbundenheit, Vertrauen und Geborgenheit, welches auf die Gesundung des betroffenen Patienten sicher keine negativen Auswirkungen hatte. »Schon die Einladung des Schamanen durch ein Mitglied der Familie sowie die Festsetzung des Honorars haben einen rituellen Charakter. Verlangt der einen zu hohen Preis oder gar nichts, so wird er krank. Übrigens wird das Honorar der Kur nicht durch ihn selber, sondern durch seine ›Macht‹ festgesetzt. Nur seine Familie hat ein Recht auf kostenlose Behandlung.«[59]

Seelenraub

Besonders schwierig gestaltete sich die Aufgabe des Schamanen, »wenn ein Mensch um seine Seele gekommen, wenn sie nach einem Austritt, etwa während des Träumens, in die Irre gegangen oder von einem Zauberer oder bösen Geist in seine Gewalt gebracht worden war. Der Kranke hatte dann entweder das Bewusstsein verloren oder verhielt sich extrem gestört, wie eben ›von Sinnen‹. In derartigen Fällen kam es auf ein rasches Handeln an, damit die Seele nicht allzu weit abkam und schließlich

unauffindbar wurde bzw. ihre Entführer keinen allzu großen Vorsprung gewannen.
Der Schamane versetzte sich wieder in Trance und sandte seine Seele, gewöhnlich in Begleitung seiner Hilfsgeister, aus, sie aufzuspüren, ihren Räubern abzuringen und heimzuführen. Meist übernahmen die Hilfsgeister den Hauptpart dabei. Sie erkundeten den Weg, sorgten für den Schutz des Schamanen (bzw. seiner Seele) und trugen den Kampf mit den Entführermächten aus. Hatte das Unternehmen Erfolg, nahm der Schamane die gerettete Seele an sich, barg sie in seiner ›Oberbekleidung‹ oder verschluckte sie sicherheitshalber auch (...). Wieder heimgekehrt, blies er sie dem Kranken zurück in den Kopf.«[60]

Der »Seelenraub«, also Krankheiten mit schweren Bewusstseinsstörungen, stand damals für Wahnsinn und Psychose. Man glaubte, »die Seele sei abhanden gekommen, weil sie von Dämonen geraubt wurde und nun in der Unterwelt festgehalten wird. Solche magische Beeinflussung durch Geister führt zur psychischen Auflösung des betroffenen Individuums«[61]. Lange Zeit wurde beispielsweise die Schizophrenie als Dissoziation der Persönlichkeit, als »Seelenraub« angesehen. Noch zu Beginn des 20. Jahrhunderts versuchte der amerikanische Psychiater Carl Wickland seine Patienten mittels spiritistischer Séancen zu heilen. Er war fest davon überzeugt, »dass die Seelen der unerlösten Toten die lebenden Menschen besiedeln, um in deren Köpfen Verwirrung und Wahnsinn auszulösen«. Heute glaubt man dagegen, dass der Ursprung der Schizophrenie in der Familiengeschichte des Betroffenen zu suchen ist und auch eine Folge von Kommunikationsstörungen, »double binds« und Liebesambivalenzen darstellt.[62]

Natürlich konnten auch Schamanen selbst schwer erkranken. In der Regel versuchten sie sich – mit Hilfe ihrer Geister – selbst zu kurieren. Gelang das nicht zufriedenstellend, bat man andere Schamanen um Hilfe. Diese mussten auch kommen, wenn beide verfeindet waren. Kein Schamane durfte ein derartiges Hilfeansuchen verweigern.

Verschiedene Welten

In manchen Weltgegenden ist der Schamane noch immer die erste Anlaufstation, wenn es um seelische Dinge geht, wie etwa psychosomatische Beschwerden, Familienkonflikte, Träume, die verunsichern, oder wenn generell der Eindruck besteht, dass auf der spirituellen Ebene etwas aus dem Gleichgewicht geraten ist. Der Psychiater Andreas Reimers hat in Nepal ein beeindruckendes Ritual beobachtet, bei dem es um die Behandlung von Depressionen ging. Dabei wurde der Betroffene auf eine Reismatte gesetzt, in der Mitte des Raumes stellte man eine Bananenstaude und zog einen Faden von der Staude zum Patienten. Dann wurde der Patient hochgehoben, womit schon rein praktisch etwas gegen das »Gedrücktsein« unternommen wurde. Zum Schluss wurden alle negativen Dinge symbolisch zur Mitte verschoben, der Faden durchtrennt und auf diese Weise auch alle Belastungen beseitigt.[63]

In den westlichen Industrieländern wendet man sich bei Depressionen an Ärzte oder Psychotherapeuten. Es wird inzwischen angenommen, dass etwa ein Viertel aller Frauen und rund zehn Prozent aller Männer im Laufe ihres Lebens an einer Depression erkranken, etwa 60 Prozent erleben wiederholt depressive Phasen. Als wichtigste Auslöser für Depressionen gelten heute vielfach die Anforderungen der modernen Leistungsgesellschaft, die sich für den Einzelnen in Stress, Sorge um den Arbeitsplatz, Zukunftsangst, Isolation und Orientierungslosigkeit äußern.

Leidet die Seele, schreit der Körper um Hilfe. Oft versteckt hinter körperlichen Symptomen wie Kopf-, Nacken- und Kreuzschmerzen oder Herz- und Verdauungsbeschwerden, kann die Depression jeden Lebensabschnitt und jeden Lebensbereich beeinträchtigen. Man kann hier natürlich einwenden, dass die Konfrontation mit der Vergänglichkeit aller Dinge einfach zum Leben gehört und uns die Natur mit genug innerer Stärke ausgestattet hat. In vielen Fällen versagen aber alle erlernten Bewältigungsstrategien und auch das soziale Umfeld bietet kein emotionales Schutznetz mehr. Dramatische Ereignisse wie etwa ein Herzinfarkt oder eine Krebserkrankung lassen sonst durchaus gefestigte Persönlichkeiten schnell den Halt verlieren. Panikattacken, Ein- und Durchschlafschwierigkeiten, Appetitlosigkeit und der Verzicht auf sexuelle Aktivitäten sind hier ebenso deutliche Hinweise auf eine Erkrankung, wie Störungen der Konzentration, des Gedächtnisses und der Sprachgewandtheit. Finale Konsequenz der Hoffnungslosigkeit ist mitunter der Selbstmord. Psychoanalytische Selbstmordtheorien vertreten hier die Ansicht, dass die Prozesse, die einen Menschen dazu bewegen können, sich das Leben zu nehmen, mindestens ebenso vielfältig und kompliziert sind wie die, mit deren Hilfe er weiterlebt. Abhängig von individuellem Charakter, Geschlecht und Lebensalter werden diese belastenden Gemütszustände unterschiedlich bewertet und bisweilen als vorübergehende Verstimmung abgetan. Dies führt dazu, dass viele Depressive erst nach einem jahrelangen Leidensweg und schweren Einschränkungen in punkto Lebensqualität professionelle Hilfe in Anspruch nehmen.

Strategien der Schulmedizin

Erster und entscheidender Schritt zu einem Heilungserfolg ist dabei die Bereitschaft, die eigene Depression als Krankheit anzuerkennen und andere Menschen bei der Problembewältigung um Hilfe zu bitten. In früheren Zeiten war der Priester als Seelsorger im wahrsten Sinn des Wortes die erste Anlaufstation, heute wird diese Funktion oft vom Hausarzt wahrgenommen. Für den Schulmediziner dienen für eine Behandlungsbedürftigkeit vor allem vegetative Symptome wie Gewichtsverlust, Appetitlosigkeit, Durchschlafstörungen, massive Schlafverkürzungen mit morgendlicher Antriebslosigkeit sowie massive Beeinträchtigungen der Arbeitsfähigkeit als wichtige Hinweise. Liegt eine leichte Depression vor, kann bereits ein konfliktlösendes Gespräch ausreichen. Eine Überweisung zum Psychiater oder eine stationäre Behandlung sollten bei einem ungenügenden Behandlungserfolg im ambulanten Bereich erfolgen. Unumgänglich ist eine Überweisung bei Depressionen, die mit Wahnzuständen verbunden sind, oder bei erhöhter Wahrscheinlichkeit einer Selbstmordgefahr. Für die Behandlung von Depressiven stehen heute zahlreiche unterschiedliche Therapiekonzepte zur Wahl, wobei die besten Ergebnisse mit einer Kombination aus psychotherapeutischer und medikamentöser Behandlung erzielt werden.

Alles nur Biochemie?

Bei der Erforschung der Ursachen von Depressionen wurden in den letzten Jahren vor allem im biochemischen Bereich große Fortschritte gemacht. Aufgrund dieser Erkenntnisse erfolgte die Entwicklung unterschiedlicher Antidepressiva. Eine entscheidende Rolle bei der Entstehung der Depression spielen laut Ansicht der Forscher die Neurotransmitter Noradrenalin und Serotonin. Liegt im Rahmen einer depressiven Erkrankung ein Noradrenalinmangel im Körper vor, so kann dies beim Patienten verminderten Antrieb und reduzierte Energie verursachen. Die Folgen sind Interesselosigkeit, eine Einschränkung der Fähigkeit, Freude zu erleben, eine stark herabgesetzte Konzentrationsfähigkeit, sowie Hilf- und Hoffnungslosigkeit. Die Störung des Serotoninhaushaltes bewirkt Angstzustände und führt in weiterer Folge zum Verlust der Fähigkeit, mit Problemen und Aggressionen richtig umzugehen. Da bei einer Depression eine Vielzahl von Symptomen behandelt werden muss und im Krankheitsfall in der Regel beide Neurotransmittersysteme betroffen sind, ist das erklärte Ziel der Forschung die Entwicklung eines Therapeutikums, das bei einer Depression sowohl die Störungen am noradrenergen als auch am serotonergen System beeinflusst.

Westliche Psychotherapie

Ziel aller Therapiemethoden ist es, die Knoten der Seele zu entwirren, störende Symptome einzudämmen und dem Patienten

Hilfe zur Selbsthilfe zu vermitteln. Welche Therapie dabei jeweils die richtige ist, hängt von der Art des Problems und der Persönlichkeitsstruktur des Betroffenen ab. Dem einen kann es helfen, tief liegende Konflikte aus der Vergangenheit aufzuspüren und aufzuarbeiten (psychoanalytische und tiefenpsychologische Verfahren). Andere lösen ihre Probleme am besten, indem sie lernen, eingefahrene Verhaltensmuster, die im Alltag zu Konflikten führen, zu erkennen und zu ändern (Verhaltenstherapie). In körperorientierten Therapien (Hypnose, progressive Muskelentspannung, autogenes Training) wird versucht, über den Körper Zugang zur Psyche zu bekommen. Erreicht werden soll dies durch eine verbesserte Körperwahrnehmung. Hilfe bei der Auswahl der passenden Methode bietet eine Probesitzung, die in der Regel jeder Therapeut anbietet. Im Rahmen dieses Erstgespräches kann man nicht nur feststellen, ob die »Chemie« mit dem Gegenüber stimmt, sondern auch beurteilen, ob die hier angebotene Methode den Erwartungen gerecht werden kann.

Parallelen zum Schamanismus?

Auf den ersten Blick scheint es viele Übereinstimmungen von Schamanismus und westlicher Psychotherapie zu geben. So nennt etwa Claude Lévi-Strauss die Psychoanalyse die moderne Form der schamanischen Technik und der Psychologe August Thalhamer registrierte nach einer intensiven Beschäftigung mit Schamanismus verwundert, »dass ich die wesentlichen Heilungspraktiken bereits seit vielen Jahren kannte und praktizierte: Die Reise in die obere Welt ist Teil des autogenen Trainings/Oberstufe, die Reise zum Krafttier kannte ich vom NLP, Extraktion und Rückholung von Seelenteilen gehört zur täglichen Praxis eines Gestalttherapeuten«[64]. Unterschiedlich ist allerdings der Zugang: »Während (...) der Schamane die Kräfte und Geister der anderen Welt als eigene Wesenheiten erlebt, bleibt der westliche Therapeut im (tiefen) psychologischen Bereich. Einerseits also ein großer Unterschied in der Theorie und auch in der konkreten

Vorgehensweise (Heilung durch den Schamanen mit Hilfe gerufener Kräfte und durch die Naturgeister versus Heilung durch die Integrationsarbeit des Patienten), andererseits geht es um denselben Vorgang, bloß von verschiedenen Seiten betrachtet.«[65] Für den österreichischen Psychologen Alfred Pritz ist die wesentliche Trennlinie zwischen Schamanen und Psychotherapeuten, »dass jene ein Leben nach dem Tod kennen, diese nicht«.[66] Verbindendes Element scheint bei den unterschiedlichen Heilverfahren aber die Kraft der Suggestion zu sein. Mit Suggestion, also seelische Einflussnahme, können körperliche und seelische Kräfte geweckt werden, die sonst brachliegen. Dies belegen Glaubensheilungen und Hypnosewirkungen.

Die erzürnten Eltern

Nicht an Geister und Naturwesen, an Feen und Elfen zu glauben oder keine Rücksicht auf sie zu nehmen, kann drastische Konsequenzen nach sich ziehen. Dies zeigt das alte irische Märchen von erzürnten Elfen. Im Jahr 1825 von Thomas Crofton Croker veröffentlicht, wurde es von den Gebrüdern Grimm ins Deutsche übersetzt. »Wer nicht beständig in Furcht vor den Geistern lebt, der tut wohl, gewisslich haben sie dann weniger Gewalt über den Menschen; wer aber gar keine Rücksicht auf sie nimmt oder gar nicht an sie glaubt, der handelt sehr unklug, sei es Mann, Weib oder Kind. (...) Diese sollen sich an Caroll O´Daly ein Beispiel nehmen. Das war ein junger Bursche aus Connaught, groß und stark gewachsen und in seiner Heimat gewöhnlich Teufel Daly genannt. Er pflegte von einem Ort zum anderen zu ziehen, ohne dass irgendeine Furcht ihn zurückhielt. (...) Es begab sich, dass er einmal in der Grafschaft Limerick umherzog und sich auf dem Weg nach der ehrwürdigen Stadt Kilmallock befand. Gerade am Fuße des Knockfierna erreichte er einen Mann von würdigem Ansehen, der auf einem weißen Pferdchen dahintrabte. Die Nacht war herangekommen; und nachdem sie sich gegenseitig mit Artigkeit begrüßt hatten, ritten sie eine Zeitlang nebeneinander her, ohne viel Worte zu wechseln. Endlich fragte Caroll O´Daly seinen Gefährten, wie weit er noch reite. ›Nicht lange mehr Euern Weg‹, antwortete der Pächter, von dem er das Aussehen hatte, ›ich will bloß auf die Spitze dieses Berges.‹ – ›Und was treibt Euch in der Nachtzeit dahin?‹, fragte O´Daly. ›Wenn Ihr´s doch wissen wollt‹, antwortete der Pächter, ›das stille Volk.‹ ›Die Elfen meint Ihr?‹, rief O´Daly. ›Redet leise!‹, sagte der andere, ›oder es könnte

Euch übel bekommen.‹ Mit diesen Worten wendete er sein Pferdchen seitwärts nach einem schmalen Pfad, der den Berg hinaufführte, indem er dem Caroll gute Nacht und glückliche Reise wünschte. ›Der Gesell‹, dachte Caroll, ›hat nichts Gutes vor in dieser lieben Nacht und ich wollte darauf schwören, es treibt ihn zu dieser Stunde etwas ganz anderes auf den Berg als die Elfen oder das stille Volk!‹ – ›Die Elfen!‹, wiederholte er, ›Sollte ein vernünftiger Mensch den kleinen Rotkäppchen nachlaufen? Einige behaupten wohl, dass es solche Geschöpfe gibt; andere leugnen es. So viel weiß ich aber, dass mich kein Dutzend davon erschrecken sollte, ja keine zwei Dutzend, wenn sie nicht größer sind, als ich sagen höre.‹ Während diese Gedanken ihm durch den Kopf gingen, richtete er seine Augen beständig auf den Berg, hinter welchem der Vollmond in aller Pracht aufstieg. Er bemerkte auf einer Erhöhung gerade vor der Mondscheibe die schwarze Gestalt eines Mannes, der ein Pferd leitete, und zweifelte nicht, dass dies derselbe Mann sei, mit dem er des Wegs gekommen war. Der Entschluss, ihm zu folgen, fuhr blitzschnell durch seine Seele; Mut und Neugierde zusammen hatten jede Bedenklichkeit verscheucht. Ein Lied vor sich hin brummend, stieg er ab, band sein Pferd an einen alten Dornstamm und stieg unerschrocken den Berg hinan. (...) Beinahe drei Stunden lang stieg er mühsam auf dem rauen und manchmal sumpfigen Pfad, bis er endlich zu einem grünen Rasen auf der Spitze des Berges gelangte, wo er das Pferdchen in aller Freiheit und Ruhe grasen sah. O´Daly schaute sich rings nach dem Reiter um, er war nirgends zu sehen. Bald aber entdeckte er in der Nähe des Pferdchens eine Öffnung in dem Berg, gleich der Mündung eines tiefen Schachts, und erinnerte sich, in seiner Kindheit manche Erzählung von der Schwarzen Höhle des Berges Knockfierna gehört zu haben: Sie sei der Eingang zu der Wohnung, welche das stille Volk mitten im Berge innehabe, und einmal sei ein Mann namens Ahern, Landmesser in diesem Teil der Grafschaft, welcher mit einer Schnur versucht habe, die Tiefe der Höhlung zu ergründen, an eben dieser Schnur hinabgezogen worden, ohne dass man je wieder etwas von ihm gehört habe; und manches andere dieser Art. ›Das sind alte Weibergeschichten!‹, dachte O´Daly, ›und da ich den weiten Weg gemacht habe, so will ich an die Haustüre klopfen und sehen, ob die Geister daheim sind.‹ Und ohne sich weiter zu bedenken, fasste er einen gewaltigen Stein, so dick, ja so dick als seine beiden Hände, und schleuderte ihn mit aller Kraft in die Öffnung. Er hörte, wie er hinabsprang und von einem Felsen zum anderen mit gewaltigem Getöse abprallte; er bog sein Gesicht vor, um zu vernehmen, ob der Stein auf den Grund niederfiele. Aber derselbe Stein, den er hinabgeworfen hatte, kam mit nicht geringerer Gewalt, als er hinuntergesprungen war, wieder zurück und gab ihm einen solchen Schlag ins Gesicht, dass er, über Hals

und Kopf von einer Klippe zur andern taumelnd, den Berg hinabrollte, viel schneller, als er hinaufgestiegen war. Am folgenden Tag fand man Caroll O´Daly neben seinem Pferd liegend, seine Haut war geschunden und zerrissen, die Augen geschlossen und die eingedrückte Nase entstellte ihn auf sein Lebtag.«
(Thomas Crofton Croker, Fairy tales and traditions of the South of Ireland, London 1825, Übersetzt von den Gebrüdern Grimm, Irische Elfenmärchen, Wien o. J., S. 17 ff.)

Die Wissenden reden nicht.
Die Redenden wissen nicht.
(Lao-tzu)

3. DIE GABE DES LEIDS

Obgleich in vielen Fällen von den Geistern oder ihrem Stamm »auserwählt« und scheinbar mit einem direkten Draht zum Übersinnlichen ausgestattet, ein Traumberuf war die psychisch und physisch anstrengende Tätigkeit einer Schamanin bzw. eines Schamanen wohl zu keiner Zeit. Geachtet und gefürchtet zugleich, waren sie oft zu einem Dasein am Rande der Gesellschaft verurteilt und als Sonderlinge gebrandmarkt. Bei Problemen nahm man zwar gerne ihre Hilfe in Anspruch und bedankte sich höflich im Falle einer Lösung, sonst blieben die Mitmenschen aber lieber auf Distanz. Zu bizarr, zu unheimlich erschienen Uneingeweihten ihre Rituale, zu abgehoben ihre fast kosmische Sicht der Dinge. Es ist daher kaum verwunderlich, dass in früheren Zeiten kaum jemand zu bewegen war, freiwillig diese ungewöhnliche Laufbahn einzuschlagen. Doch von »freiem Willen« konnte in diesem Zusammenhang ohnehin nur selten die Rede sein, wurde doch vielen Schamanen ihre Berufung und damit die »Gabe des Leids« bereits in die Wiege gelegt.

Magische Kinder

In Sibirien und Nordostasien wird der Schamanenberuf entweder von einem Mitglied einer Familie auf ein anderes »vererbt« oder es kommt zu einer spontanen Berufung. Es gibt auch Fälle, in denen jemand aus eigenem Willen oder auf Wunsch des Stam-

mes Schamane wird. Diese »self-made«-Schamanen gelten in der Regel aber als schwächer als diejenigen, welche diesen Beruf geerbt haben oder dem »Ruf« von Göttern und Geistern gefolgt sind.[67] Der Zugang ist unterschiedlich, eines scheinen die Schamanenkandidaten aber gemeinsam zu haben: »Die Berufung zum Schamanen gibt sich wie jede religiöse Berufung durch eine Krise kund, durch einen vorübergehenden Bruch im geistigen Gleichgewicht des künftigen Schamanen.«[68] Die Zeichen dafür, dass jemand »anders« ist, sind oft schon früh erkennbar: »Manchmal sind es besondere Vorzeichen in der Schwangerschaft der Mutter sowie bei der Geburt, durch welche die Berufung angezeigt wird. Bei anderen sind es Träume und Visionen in spontan auftretenden besonderen Bewusstseinszuständen. Häufig sind es besondere Krisen, Leiden, Nöte, Krankheiten, welche den zum Schamanen berufenen Menschen auf diesen Weg zwingen. Frauen können oft spät, nach der Menopause, Schamaninnen werden.«[69]
Andreas Reimers hat sich hier mit Lebensläufen von Schamanen in Nepal befasst. Er beobachtete, dass manche Kinder bereits im Alter von sechs oder sieben Jahren außergewöhnliche Verhaltensmuster an den Tag legten. Sie erzählten von Visionen, sprangen unvermittelt aus dem Fenster oder rannten durchs Feuer. Manchmal verschwanden sie auch für mehrere Tage von zu Hause und berichteten nach ihrer Rückkehr, dass sie von Urschamanen in den Wald gelockt worden wären. Diese hätten sie in der Kunst des Heilens unterrichtet. In unserem Kulturkreis würde man derartige Schilderungen wahrscheinlich belächeln, in Nepal dagegen werden sie sehr ernst genommen. Man schickt derartig veranlagte Kinder meistens zu alten, erfahrenen Schamanen. Sie sind in der Lage abzuschätzen, ob hier potentielle Heiler nachwachsen und ob man eine Ausbildung in Betracht ziehen soll.[70]

Preis des Wissens

Natürlich kommt es immer wieder vor, dass Menschen ihrer Bestimmung nicht nachkommen wollen. Welche weitreichenden

Konsequenzen diese Weigerung hat und welcher Stress generell mit der Existenz eines Schamanen verbunden ist, haben Karl Kratky und Werner Gruber von der Fakultät für Physik der Universität Wien eingehender betrachtet. Sie begeben sich damit auf weitgehend unerforschtes Terrain, gab es doch bisher nur ganz wenige Versuche, schamanisches Verhalten naturwissenschaftlich zu erklären.

Im Mittelpunkt steht das Phänomen »psychosozialer Stress«, von dem nicht nur viele Menschen in der westlichen Welt betroffen sind, sondern auch die in ihren jeweiligen Gesellschaften besonders geforderten Schamanen. Sie haben im Lauf der Jahrtausende besondere Strategien entwickelt, um diese außergewöhnlichen Belastungen physisch und psychisch zu bewältigen. Durch die Entschlüsselung dieser Konzepte ergeben sich auch interessante Aspekte für die moderne Stressforschung. Bisher versuchte man schamanische Riten mit Hilfe der Psychotherapie zu erklären, jetzt kann man dank der Fortschritte auf dem Gebiet der Neuroendokrinologie auch Querverbindungen zwischen psychosozialem Stress und psychologischem Phänomen herstellen. »Bei psychosozialem Stress handelt es sich meist um einen lang anhaltenden Zustand, der auf die Plastizität des menschlichen Gehirns und die damit verbundenen Verhaltensweisen einwirkt. Durch die mögliche Neuregelung des Verhaltens kann es zum Phänomen der Gesundung oder auch der Erkrankung kommen.«[71]

Was passiert nun, wenn jemand trotz offensichtlicher Prägung nicht Schamane werden will? Karl Kratky meint, dass dann sein Leben in Gefahr sei: »Er wird meistens schwer krank. Es gibt den Begriff der Schamanenkrankheit, die dann so interpretiert wird, als ob es eine höhere Macht gibt oder auch die Macht des noch lebenden Schamanen, die den Kandidaten zwingen will, dass er seiner Berufung folgt. Tut er dies nicht, folgt die Bestrafung in Form einer Krankheit. Erst wenn er sich aufgeschlossen zeigt, verschwindet das Leiden oder es wird gemildert. Es gibt auch Fälle, in denen ein Kind schwer krank ist und niemand ahnt, dass dies mit Schamanentum zu tun hat. Es wird zu einem Heiler gebracht und der entdeckt dann, dass es sich um eine Schamanenkrankheit handelt. Dieses Kind ist offensichtlich geeignet, später die Funktion eines Schamanen zu übernehmen. Solche Phänomene, bei denen Menschen, die durch Krankheit oder ein Unglück in schweren Stress geraten, ihr Denken in Richtung einer neuen Spiritualität umstrukturierten und dadurch gesundeten, gibt es praktisch überall auf der Welt. Beispiele in unserer Kultur sind hier unter anderem Hildegard von Bingen, Martin Luther, oder Ignatius von Loyola.«

Frau Holles Gaben

Viele unserer Volksmärchen enthalten schamanische Motive. Besonders auffällig ist dies bei Erzählungen rund um die Person der »Frau Holle«. Hinter dieser beliebten Gabenspenderin dürfte es sich ursprünglich um die germanische Göttin Holda oder Hulda gehandelt haben, die im Stamm des schwarzen Holunderstrauchs (Sambucus nigra) hauste und während der Raunächte zu den Menschen kam um nachzusehen, wer das Jahr über fleißig oder faul gewesen ist. Im Märchen von Goldmarie und Pechmarie fällt einem Mädchen eine Spindel in den Brunnen. Aus Angst vor der bösen Stiefmutter springt Goldmarie in die Tiefe (Trancereise), um die Spindel wiederzufinden. Aus schamanistischer Sicht erreicht sie damit über den Weltenbrunnen die Unterwelt. Später kommt sie zu einer wunderschönen Wiese, auf der Apfelbäume blühen (Kraftplatz) und schließlich zu einem Haus, in dem Frau Holle wohnt (Ritualplatz). Frau Holle nimmt sie freundlich auf und unterrichtet sie in der Kunst des Regenmachens und auch darin, wie man es auf der Erde schneien lässt (Lehrzeit bei einer Schamanin).

Die Maske des Todes

Manchmal erfolgt der Eintritt ins Schamanenleben über Nacht. Die Betreffenden haben weder eine Lehrzeit bei anderen Schamanen noch ein entsprechendes Initiationsritual absolviert. Sie erhalten ihr Wissen im Traum und beginnen sofort zu arbeiten. Doch diese Fälle sind die Ausnahme. Die Regel ist, dass vor und auch im Anschluss an die eigentliche Initiation eine längere Lehrzeit absolviert werden muss, die etwa der Dauer eines Medizinstudiums entspricht.

»Während dieser Lehrzeit ist der Auszubildende einem starken körperlichen Stress ausgesetzt. Er muss fasten, dürsten in großer Hitze, darf manchmal nicht schlafen. (...) Die schamanische Schulung besteht darin, die Psyche zu trainieren, den Körper abzuhärten, die Süchte zu reduzieren und sich mit den eigenen Ängsten auseinanderzusetzen. (...) Die verschiedenen Stressoren, denen der Schamane im Lauf der Ausbildung ausgesetzt ist, führen zu einer Reorganisation des menschlichen Gehirns. Der Stress ist nicht kontrollierbar und lang anhaltend. Das Bewusstsein, die Strategien und die Strategienwahl ändern sich.«[72] Ein besonderes Grenzerlebnis markiert hier die Initiation des künftigen Schamanen. Erst nach diesem Ereignis können sie zwischen den Welten reisen, mit den Geistern sprechen und heilen. Der Vorgang selbst verläuft je nach Kultur unterschiedlich, verbindendes Element ist die Erfahrung des Todes und der anschließenden Wiedergeburt. Dabei wird der Tod entweder als »zweite Geburt« gedeutet, als »Umkehrung der Geburt« oder als »Rückkehr in den Mutterschoß«[73]. Der Mensch ist danach nicht mehr derselbe. Er hat eine Metamorphose bzw. eine Strukturverwandlung der Persönlichkeit hinter sich. Auch das Lebensalter wird neu berechnet. Es beginnt am Tag der Initiation, die Jahre davor haben keine Bedeutung mehr.

Tag der Angst

Die Einsamkeit und die Angst vor und während dieser anstrengenden Prozedur müssen gewaltig sein. Ein Meister der Inka-Tradition erlebte diesen Zustand des absoluten Ausgeliefertseins kurz vor Mitternacht in den Bergen: »Man musste nackt sein und das trotz der großen Höhe, in der man sich befindet. Irgendwann passiert ein Zeichen, das kann das Geschrei eines Vogels oder ein anderes markantes Geräusch in der Natur sein. Dann muss man losrennen zum Gipfel des Berges, auch wenn man nicht mehr kann, sich schleppen muss, große Kälte muss man dabei aushalten. Droben am Gipfel kommen dann die Schutzwesen in Form von Licht. Sie stellen sich im Kreis um den Initiierten herum, damit ihm nicht so kalt ist. Man erhält von jedem Schutzwesen ein Zeichen, mit dem man es rufen kann. Dann heißt es hinunterzulaufen bis zu einem Bergsee und in das kalte Wasser muss man hineinspringen und eine Art Taufe vollziehen, indem man dreimal in das Wasser eintaucht. Danach ist der Vorgang abgeschlossen.«[74]

Der Ritt des Weihnachtsmannes

»Ein weiteres ziemlich überraschendes Überbleibsel des schamanischen Seelenfluges, das sich zumindest in den angelsächsischen Ländern bis in die heutige Zeit hinübergerettet hat, ist nach Ansicht vieler Forscher die wunderbare Reise des Weihnachtsmannes in seinem von Rentieren gezogenen Schlitten über den mittwinterlichen Nachthimmel. Es wurde behauptet, dass dieses Bild aus dem Schamanismus der rentierzüchtenden Stämme des arktischen Europas und Sibiriens stammt.« (Paul Devereux: Schamanische Landschaften. In: Franz-Theo Gottwald und Christian Rätsch (Hg.): Rituale des Heilens: Ethnomedizin, Naturerkenntnis und Heilkraft. Aarau, S. 131)

Anders dagegen die Dauer der Initiation in Sibirien. Sie nahm in der Regel drei Tage in Anspruch. »Der Novize erlebte dabei in einer Art Traumvision, wie ihn die Geister – gewöhnlich dieselben, die ihn berufen hatten – in die Unterwelt entführten und dort dann seinen Leib, säuberlich sezierend, Stück für Stück auseinandernahmen. Als Erstes trennten sie seinen Kopf ab und postierten ihn auf ein hochhängendes Wandbrett, um ihm Gelegenheit zu geben, das weitere Geschehen mitverfolgen zu können. Darauf trieben sie eiserne Haken in seine Gelenke ein, zogen sie auseinander, lösten dann das Fleisch von den Knochen und zerschnitten es in kleine Teile, die sie mit seinem Blut tränkten und zum Verzehr an die anwesenden Krankheitsgeister verteilten. Auf die dergestalt vollzogene Tötung des Kandidaten folgte unmittelbar seine Wiederbelebung: Die Knochen wurden wieder zusammengelegt, mit Eisenfäden vernäht und neuem Fleisch umkleidet (...). Zuletzt wurde der Kopf wieder aufgesetzt.«[75]

Ähnlich drastisch erging es den Schamanenkandidaten bei den Iglulik-Eskimos: Sie wurden bis auf das Skelett von einem gewaltigen Bären verschluckt. Nach dem Wiedererwachen fanden sie sich dann mit einem neuen Leib überkleidet.[76] Bei den Präriesioux benutzte man eine heilige Erdhütte als Symbol für die Allmutter. An ihrem Zentralpfosten hievte man die Schamanenkandidaten empor. Je zwei durch die Haut auf Brust und Rücken gezogene Riemen hielten die blutüberströmten Körper so lange hoch über dem Boden, bis die Befestigungen rissen und die Ohnmächtigen herabstürzten. Mit der Pflege und Wiederherstellung der Gemarterten endete das Schauspiel. Im Kuksukult der Zentralkalifornier dagegen werden die Prüflinge mit Speeren »durchstoßen«, mit Pfeilen »erschossen« oder aus dem Rauchloch des Festhauses geworfen, bevor sie durch die heilende Waschung zu neuem Leben erweckt werden dürfen.[77] Das Initiationsmotiv des mystischen Todes war übrigens auch in der griechischen Kultur gut bekannt. Hier töteten die Titanen Dionysos, zerstückelten ihn, siedeten ihn in einem Kessel, rösteten ihn auf einem Spieß, bis Zeus sie mit seinem Blitz erschlug. Athene fand schließlich das Herz des Dionysos und ließ ihn wiederauferstehen. Natürlich stirbt der Schamane nur einen symbolischen Tod, obwohl es immer wieder vorkam, dass manche die körperlichen Torturen nicht überlebten.

Den – offensichtlich nicht sehr angenehmen – Moment der Einweihung erlebt auch Carlos Castaneda im »Ring der Kraft«: »Eine Million Fragen und Empfindungen bestürmten mich gleichzeitig. Es war, als ob ein Windstoß meinen äußeren Firnis der Gelassenheit weggefegt hätte. Ich zitterte. Mein Körper spürte, dass er am Rand eines Abgrunds stand. Ich kämpfte um ein mysteriöses, aber konkretes Wissen. Es war, als sollte mir jeden Augenblick etwas offenbart werden, und dann zog irgendein hartnäckiger Teil meiner selbst dauernd einen Schleier davor. Dieser Kampf betäubte mich immer mehr, bis ich meinen Körper nicht mehr spürte. Ich hatte den Eindruck sehen zu können, wie mein Gesicht immer hagerer wurde, bis es das Gesicht einer verdorrten Leiche mit gelblicher, straff über den Schädel gespannter Haut war.«[78]

Stress extrem

Die anstrengende Tätigkeit eines Schamanen verursacht bei den Betroffenen unkontrollierbaren Stress. Gruber und Kratky sehen hier einen – auch naturwissenschaftlich nachvollziehbaren – Zusammenhang von lange anhaltendem Stress und schamanischem Verhalten: »Wenn sich eine Person mit einem unkontrollierbaren Stressor auseinandersetzen muss und das innere Gleichgewicht nicht herstellen kann (es gibt keine adäquate Verhaltensreaktion), dann beruhigt sich das zentrale Stress-System nicht und bleibt weiterhin aktiviert. Wenn dann das Individuum, hier der auszubildende Schamane, längere Zeit diesem unkontrollierbaren Stress ausgesetzt ist, sterben einzelnen Neuronen im präfrontalen Cortex ab. (...) Dies führt zu einer Reorganisation des menschlichen Gehirns und möglicherweise zu einem Erwerb von neuen Strategien. (...) Kurz gesagt, wenn ein Individuum seine eigene Unfähigkeit erkennt, mit dem Stress umzugehen, dann führt dies zu einer Reorganisation der Verschaltungen im Gehirn. Auf der anderen Seite bedeutet für einen Patienten das Lösen seines Problems (Krankheit) durch Geister eine Reduzierung der unspezifischen Reizreaktionen. Dies kann zu einer Gesundung führen.«[79]

Von allen Geistern verlassen

Nach dem Ende der Lehr- und Wanderjahre erwartet den Schamanen ein vielfältiges Aufgabengebiet. Er muss heilen, richten und vor allem für die geistige Gesundheit, also den Zusammenhalt, seines Stammes sorgen. Dabei wird sowohl auf die Wirkung von Heilpflanzen als auch auf die Hilfe von Geistern gesetzt. »Diese Geister kann man auch als metaphorische Umschreibung von psychologisch wohlbekannten Reaktionen definieren. Der Patient spricht mit dem Schamanen und dem erscheint der dazugehörige Geist. Dieser Geist ist im Prinzip ein Korrelat, das aus all den Ängsten, Problemen, aber auch deren Lösung besteht. Es manifestiert sich, da der Schamane eine geeignete Ausbildung hinter sich hat. So ist er in der Lage, psychologische Reaktionen zu deuten. Dies muss aber nicht eine bewusste Reaktion sein. Wenn wir eine gelernte Fertigkeit sehr oft verwenden und diese alltäglich anwenden, dann tun wir dies meist auch unbewusst.«[80]

Trotz seiner Sonderstellung ist der Status des Schamanen keineswegs unantastbar. Jeder Schamane wird in erster Linie an seinen (Heil-)Erfolgen gemessen. Sind diese nicht mehr klar ersichtlich, wenden sich die Patienten einfach einem anderen Schamanen zu. Im schlimmsten Fall kommt es zum vollkommenen Ausschluss aus der Gemeinschaft, wobei Schamanen verjagt oder sogar getötet werden. Trotz ihrer privilegierten Stellung haben sie nur eine unterdurchschnittliche Lebenserwartung und sind auch selten wohlhabend. Auch die Fähigkeit zur Trancereise kann im Lauf der Jahre deutlich nachlassen oder ganz verloren gehen. Um dennoch aktiv bleiben zu können, erhöhen derart geschwächte Schamanen ihre Dosis an Rauschmitteln. Sie sterben so nicht durch den Einfluss böser Geister, sondern ganz prosaisch an den Folgen von Alkohol und Drogen. Und noch eines: Die Mittlerfunktion zwischen den Welten kann einen Schamanen psychisch zerreißen. Er ist dann wirklich im wahrsten Sinne des Wortes »von allen Geistern verlassen« und endet in Wahnsinn und Verzweiflung. Heinrich Heine beschreibt diesen Zustand in seinen »Lazarus-Gedichten«: »Mein Leib ist jetzt ein Leichnam, worin/ der Geist ist eingekerkert – / Manchmal wird ihm unwirsch zu Sinn/ Er tobt und rast und berserkert.«

Weisheit ist nicht mittelbar.
Weisheit, welcher ein Weiser
mitzuteilen versucht,
klingt immer wie Narrheit.
(Hermann Hesse)

4. RAUSCH DER VERWANDLUNG

Die Schamanin bzw. der Schamane ist ausschließlich für die Lösung von schweren Fällen und die Bewältigung von großen Aufgaben zuständig. Dazu bedarf es vor allem der Ekstase, die Schamanen – Ausnahmen sind natürlich möglich – im Regelfall ganz virtuos beherrschen. In diesem Zustand des »Außersichseins« werden sie ganz Seele, können sich von der Bürde des Leibes befreien und sich in die transzendente Welt begeben. Als »Auserwählte« haben sie das Zutrittsrecht zu einem Bereich des Heiligen, der für die übrigen Mitglieder der Gemeinschaft unzugänglich ist. Schamanismus ist dabei eine besondere »Technik der Ekstase«, bei der er (oder sie) sich unter anderem mit Hilfe der Schamanentrommel, durch andauernden Tanz, das Klingeln von am Gewand befestigten Glöckchen oder Metallstückchen sowie durch Einnahme von Rauschmitteln oder dem aufsteigenden Rauch bestimmter Hölzer, Harze und Blätter in einen Trancezustand, in die »Nicht-alltägliche Wirklichkeit«, versetzt. Zu Heilzwecken kann er auf diese Weise zu einer Seelenreise aufbrechen und mit Geistwesen kommunizieren.[81]

Botschaften aus dem Jenseits

»In der schillernden Erlebniswelt des Trancezustandes erhalten die Schamanen Mitteilungen von Tierwesen, Geistern oder Ahnen, die ihnen helfen, die Ursache der Krankheit des Patienten zu erkennen und Wege zu seiner Heilung zu finden (...). Viele traditionelle Heiler nutzen Trance sowohl zur Diagnose als auch zum Heilen. Die Behandelten finden in diesem ›Schwebezustand zwischen Entspannung und Konzentration‹ oft neue Wege, um psychische Blockaden zu überwinden.«[82] In der Ekstase wirkt der Schamane als vermittelnder Helfer für seine Gemeinschaft, da er in diesem Zustand die Möglichkeit hat, in ein größeres Feld Einblick zu nehmen, in dem die Zusammenhänge von Seele, Psyche und Körper deutlicher sichtbar sind als in der Alltagswelt. »Im veränderten Bewusstseinszustand sind dem Schamanen das Erkennen (die Diagnose) und das Handeln (die Therapie) möglich.«[83]

Voraussetzung dazu ist allerdings die Fähigkeit, sich zu jeder Zeit und an jedem Ort in einen ekstatischen Zustand versetzen zu können. »Dazu gehörte viel Konzentration und Willenskraft, die ihn auch während der Séance nicht verließen. Es handelte sich um ein bewusstes Bemühen.«[84] Mächtige Schamanen behalten bei aller »Entrücktheit« stets die Kontrolle über sich selbst und das Geschehen. Sie sind in der Lage, alle erforderlichen Ritualhandlungen korrekt durchzuführen, und sind nicht, wie etwa bei Besessenheit, ihren Geistern untertan, sondern dirigieren und leiten sie. Treten während der Sitzung plötzlich Komplikationen auf oder ist die Aufgabe erfolgreich abgeschlossen, brechen sie, ebenso bewusst und willentlich, die Ekstase ab und veranlassen ihre Seele wieder zur Rückkehr in den Körper. Als erfahrene und ortskundige Wanderer zwischen den Welten werden Schamanen daher zu Recht als »Meister der Ekstase« bezeichnet.[85]

Extreme Wege

Zur Verstärkung und Beschleunigung des Übergangs in das Trance-Bewusstsein kommen häufig spezielle Stimulanzien zum Einsatz. Allgemein wird dabei zwischen »psychologischen« und »pharmakologischen« Stimulanzien unterschieden. Bei den psychologischen Trance-Techniken stehen beispielsweise die »Deprivation«, also der Entzug der Umweltreize, sowie der Wunsch nach Abgeschiedenheit und Monotonie im Vordergrund. Besonders tiefe Trance-Zustände verspricht die Kombination aus beschwörenden Formeln, Fasten, körperlicher Erschöpfung, Torturen, Isolation, rhythmischer Monotonie in Musik und Bewegung, sexueller Enthaltsamkeit, Überatmung und Halluzinogenen. In manchen Kulturkreisen geriet der Schamane ganz einfach in Trance. Es genügte meist, wenn er einen Stein gleichmäßig rotierend über einen Felsen rieb.

Im Meer der Thetawellen

Bei derart eingestimmten Schamanen geraten Körper und Geist regelrecht ins Vibrieren, was auch enorme Wirkungen auf die Biochemie des Menschen hat. In der Welt der Trance werden unter anderem Betaendorphine, also schmerzstillende und euphorisierende Substanzen freigesetzt. Die Folge: Körperliche Beschwerden und Ängste verschwinden, Glücksgefühle treten ein. Viele Schamanen sind in dieser Phase zu fast unglaublichen körperlichen und mentalen Leistungen fähig und zeigen auch nach stundenlang andauernden Ritualen keinerlei Konzentrationsmängel oder sonstige Ermüdungserscheinungen.
Wie sich die Trance auf die Funktionen des menschlichen Gehirns auswirkt, konnte mittlerweile gemessen werden. Untersuchungen mittels Elektroenzephalogramm (EEG) zeigten, dass es im Zustand der Trance zu einer Ausprägung so genannter Thetawellen kommt. Solche niederfrequente Wellen treten nur während des Schlafes auf und sind normalerweise mit Erlebnisleere verbunden. In der Trance des Heilers dagegen werden sie von teilweise heftigen Visionen begleitet.
Die schamanische Seelenreise entspricht so im Prinzip dem Erleben von Träumen »gewöhnlicher« Menschen, nur erfolgt sie im Unterschied dazu kontrolliert und aufgrund eines bewusst getroffenen Willensentscheides. Dazu passt, dass in manchen

Weltgegenden die Tätigkeit des Schamanen auch als »Träumen«, er selbst als »Träumer« bezeichnet wird. Wissenschaftlich untersucht wurde, was vor und nach einer Seelenreise im Körper passieren kann: »In einer Studie wurde der Speichel von Probanden auf das für die Sofortabwehr von Bakterien und Viren zuständige Immunglobulin A getestet. Ergebnis: Personen, die mit einer Absicht (Frage) an ihre ›Spirits‹ herangetreten waren, konnten einen deutlichen Anstieg des Immunglobulins A verzeichnen und damit ihre Immunabwehr stärken. Aber schon alleine das Reisen an sich, ohne konkrete Fragestellung, führte bei den Probanden zu einer deutlichen Entspannung, dadurch weiter zum Anstieg des Immunglobulins und somit ebenfalls zu einer verbesserten Abwehrlage.«[86]

Zwischen Leben und Tod

Die Trance-Seele des Schamanen bereist auf spirituellem Weg die verschiedenen Ober- und Unterwelten, die Herrschaftsgebiete der Engel und Dämonen: »Durch ihn, den imaginären Reisenden als Institution, blickte die Sippe den Mächten der Auflösung und des Todes ins Auge. Und alle gewahren, was es heißt, ergriffen und entführt zu werden aus der gewohnten Welt des Bewusstseins und des Vertrauten.«[87] Trotz aller Vorsichtsmaßnahmen und bisher gemachter Erfahrungen riskiert der Schamane dabei auch die Möglichkeit des physischen Todes: »Es gibt Berichte von Schamanen, die sich im Zustand der Besessenheit das Schwert in den eigenen Leib stießen. So birgt das dramatische Spiel der Trance stets die Gefahr des Ausgleitens in den wirklichen Tod.«[88] Die emotionsgeladenen, teils berückenden, teils erschreckenden Bilder während der Trance spiegeln stets auch die unmittelbare Nähe des Todes wider. Nicht selten scheinen sich dabei die Grenzgänger in andere Lebewesen, sei es Mensch oder Tier, zu verwandeln.

Joan Halifax beschreibt in ihrer Sammlung von schamanischen Erfahrungsberichten die Verwandlung des Initianden in einen

Vogel, der die Ebene des Todes durchbricht: »Der Geist des Schamanen fährt auf, durchbricht die Ebene des Todes und schwingt sich empor zu einem Ort jenseits der Zeit. Der flügelschlagartige Rhythmus der Trommel sowie der Tanz und die Stimmlage beim Gesang entrücken den Geist des ekstatischen Schamanen in Bereiche weit jenseits alles Alltäglichen, machen ihn zum Boten auf dem Flug über die gefährliche Schwelle der Zwielichtwelt hinweg, wo sich die Erleuchtung der nächtlichen Traumwelt und das Sonnenlicht des Tages überschneiden und sich in der Zwielichtzone, wo die transzendente Schau geweckt wird, überlagern und miteinander verschmelzen. Die Seele des Zauberers verwandelt sich in einen Vogel, Flügel und Leib des Geistervogels sind eins mit der Seele des Schamanen, die Trennung zwischen dem Schamanen und dem Helfer aus dem Tierreich verschwindet.«[89]
Die Erinnerung an solche Transformationen hat sich bis in unsere Tage hauptsächlich in Gestalt von Märchen und Sagen, von Gespenster- und Gruselgeschichten überliefert. Man denke nur an die Werwolf-Mythen, in denen sich Menschen zu gewissen Zeiten in reißende Bestien zu verwandeln scheinen. Eliade qualifiziert das »Erlernen der Tiersprache« bei schamanischen Initiationen nicht als »Besessenwerden«, sondern als »eine magische Verwandlung des Schamanen in dieses Tier«. Erst wenn der Schamane die Sprache der Tiere erlernt, an erster Stelle stehen die Vögel, kann er die Geheimnisse der Natur und der Welt verstehen und die Zukunft vorhersagen. Diese Tiere können die Geheimnisse der Zukunft enthüllen, weil sie von den Seelen der Toten bewohnt (...) sind. Ihre Sprache lernen, ihre Stimme nachahmen bedeutet mit dem Jenseits und dem Himmel in Verbindung treten zu können. (...) Die Vögel sind Seelenführer. Selber ein Vogel zu werden oder von einem Vogel begleitet zu sein bezeichnet die Fähigkeit, noch in diesem Leben die ekstatische Reise zum Himmel, ins Jenseits, zu tun.«[90]

Normal verrückt?

Als die ersten Forscher Schamanen bei ihrer Arbeit beobachteten, hielten sie sie schlichtweg für geistesgestört und deklarierten die von ihnen praktizierten Verfahren als völlig unwissenschaftlich und wirkungslos. »Diese früheren Auffassungen (...) die den Schamanen als Geisteskranken oder den Schamanismus als ›arktische Hysterie‹ bezeichneten, sind nicht mehr haltbar«, sagt der Schweizer Psychiater Jakob Bösch. Mittlerweile hat sich der Schamane als die bevorzugte Bezeichnung für ›magisch-religiöse Heiler‹ in der wissenschaftlichen Literatur etabliert. Der Schamane ist eine völlig gesunde Person, die durch besondere Kräfte oder Bewusstseinszustände befähigt ist, mit Geistern zu kommunizieren und sie zu Gunsten ihrer Stammesleute zu beeinflussen. Ihre Ekstasetechniken (u. a. Seelenflug, Himmelsreisen) und die damit einhergehenden, außergewöhnlichen Bewusstseinszustände lernen sie vollkommen zu beherrschen und werden in der Regel nach einer langjährigen Ausbildung von ihren Stammesmitgliedern als (...) effektive Therapeuten angesehen. Der Schamane hat eine breite Vielfalt an (...) Verhaltensweisen und Bewusstseinszuständen selbst erfahren und unter der Anleitung geeigneter Lehrer die feste Kontrolle über solche Erfahrungen erlernt, um so seine kurativen Aufgaben erfüllen zu können.«[91]

Alles Mystik?

In der abendländisch-aufklärerischen Kultur konnte man – jedenfalls zu Beginn der Erforschung des Schamanismus – mit Rausch, Ekstase und anderen »unvernünftigen« Wahrnehmungsformen nichts anfangen. Man sprach von der »Schamanenkrankheit«, die in ihren Gesellschaften anerkannten Heiler wurden als Epileptiker, Schizophrene oder Besessene verunglimpft. In einem Punkt hatten die Wissenschaftler schon recht: Der Schamane ist tatsächlich ein »Kranker«, aber »er ist vor allem ein Kranker, der sich selber geheilt hat. Oft, wenn die Berufung des Schamanen

(...) sich durch eine Krankheit, einen epileptoiden Anfall offenbart, kommt die Initiation des Kandidaten einer Heilung gleich«[92]. Auch der Begriff »Schwachsinn« war bei der Beurteilung des Schamanentums schnell zur Hand, man übersah dabei nur allzu gern, dass bei uns in früheren Epochen Schwachsinn als Zeichen der Heiligkeit oder die Epilepsie gar als »göttliche Krankheit« mit unübersehbarer Nähe zur ekstatischen Trance galt. Grenzgänger zwischen Normalität und Wahnsinn standen oft im Geruch der Heiligkeit, als besonders »mystisch Erleuchtete« mit direktem Draht zu höheren Instanzen. Mystische Erfahrungen wurden überall auf der Welt gemacht, praktisch jede Glaubensgemeinschaft hat ihre eigenen Ekstatiker. Gemeinsam ist ihnen ein allmähliches und doch schnelles Verschwinden von Raum, Zeit und Empfindung: »Die Zeitdauer des mystischen Erlebnisses wirkt auf seinen Protagonisten wie eine Ewigkeit und ein Augenblick zugleich. (...) Ohne Sprache und in radikaler Passivität ist der Mystiker seinen unerhörten Erfahrungen ausgeliefert.«[93] Je nach Kulturkreis oder Glauben wird die Gottesbegegnung als Offenbarung, als Erlangung des »kosmischen Bewusstseins«, als Marienerscheinung oder einfach als kompletter »Nervenzusammenbruch« wahrgenommen. »Ob dieses Allgemeine nun ›Gott‹, ›Nirwana‹, ›Satori‹, ›Kosmos‹, ›Sein‹, ›Einheit des Nichts‹ oder ›Tod‹ genannt wird, ist für die Qualität der mystischen Ekstase ganz belanglos.«[94] Für den Biochemiker Erwin Chargaff ist Mystik »der Statthalter des Todes auf Erden«[95].

Im Schwebezustand

Auf den ersten Blick sind Parallelen zwischen den Reisen der Schamanen und den religiösen Ekstasen der Heiligen und Mystiker der christlichen Kirchen zu erkennen. Schlüssel zur besonderen Erfahrung ist für die Nonnen und Mönche des Mittelalters die Selbstkasteiung und eine völlige Abkehr von der Außenwelt. Der »Gang in die Wüste«, verbunden mit Fasten und Schweigeübungen, ermöglichte die ersehnte »Vergeistigung« im Jenseits von leiblicher Not und Bedürftigkeit. Der Mystiker nimmt den Kommunikationsabbruch mit der ihn umgebenden Umwelt freiwillig auf sich, um dem »Kerker des Leibes« entfliehen zu können. Erwünscht ist eine »Angleichung an den Zustand der Toten, die Voraussetzung für die ›Ruhe des Herzens‹, für jenes ›reine Herz‹, das nach den Worten der Bergpredigt Gott schauen kann«[96]. Diese Todessehnsucht erfasste nicht nur Christen, auch Moslems begaben sich auf die Suche nach einer anderen Art von Leben. Der islamische Mystiker Al-Hallaj vergleicht diese Sehnsucht mit dem Falter, der immer näher ans Licht fliegt, bis er schließlich im Licht verbrennt.[97] Im 14. Jahrhundert spricht der Dominikanermönch Heinrich Seuse von der mystischen Erleuchtung des einsamen Menschen: »Und wie er so trostlos dort stand und niemand bei ihm noch um ihn war, wurde seine Seele verzückt in dem Leibe und aus dem Leibe heraus.«[98] Auf diese Weise wurde das »Nichts der Einheit« betreten. »Diese Einheit heißt darum Nichts, weil der Menschengeist keinen der Endlichkeit angehörigen Ausdruck finden kann, um zu sagen, was es sei.«[99]

Dieses Nichts der Einheit impliziert den sozialen Tod und erinnert in verblüffender Weise an den Augenblick des Todes, wie er im Totenbuch der Tibeter beschrieben wird: »In dem Augenblick, in dem die Atmung aufhört oder der Lebensodem sich in das Herz zurückzieht, macht das Bewusstsein die unmittelbare Erfahrung des hellen Urlichts. Durch diesen äußeren Glanz werden alle Dinge, wie der leere und wolkenlose Himmel; der Geist, nackt und aufgabenlos, ist wie eine durchscheinende Leere, (...) ist der Zustand der Urweisheit; jedes Lebewesen erlebt ihn unmittelbar nach dem Tod. (...) Das Bewusstsein macht hier die Erfahrung der Leere, die nicht das Nichts ist, sondern das absolute und von allen Fesseln freie Bewusstsein.«[100] Die Einsamkeit ist keine beliebige Bedingung der mystischen Wesensschau, sondern eine erstrangige Voraussetzung. Meister Eckehard meint: »Darum ist Abgeschiedenheit das Allerbeste. Denn sie reinigt die Seele, läutert das Gewissen, entzündet das Herz und erweckt den Geist, sie gibt dem Begehren Schnelle; sie übertrifft alle Tugenden, denn sie macht uns Gott erkennen, sie scheidet das Kreatürliche ab und vereint die Seele mit Gott.«[101]

Eine Nonne hatte in diesem hohen Grad des »Außersichseins« sogar ein spezielles »Flugerlebnis«: »In der Verzückung scheint die Seele den Körper zu verlassen, deswegen nimmt die natürliche Wärme ab, die Glieder werden nach und nach kalt, obgleich man zu gleicher Zeit großes Wohlbehagen spürt. Ich fühle mich fortgeführt, ohne zu wissen wohin. Ehe man es denkt, kommt ein plötzlicher Stoß, und so lebhaft ist dabei oft der Schmerz, dass ich zu widerstehen versuchte. Aber alles war umsonst, meine Seele wurde verzückt und mein Kopf folgte ihrer Bewegung, ohne dass ich ihn zurückhalten konnte. Zuweilen wurde gar mein Kopf erhoben, so dass er hoch über der Erde schwebte (...).«[102]

In den »Fioretti« (Die Blümlein) des Franz von Assisi wird von Pietro von Monticello berichtet, dass er im Zustand der Verzückung »fünf oder sechs Ellen über die Erde erhoben wurde, bis zum Fuß des Kruzifixes in der Kirche, vor dem er zu beten pflegte«[103], oder von einem anderen frommen Bruder, dem die Jungfrau Maria persönlich die Ehre erwies: »Und siehe, ihm erschien die Königin des Himmels, ihren gebenedeiten Sohn im

Magische Momente

»Sobald man sich die Mühe nimmt, den Schamanen von anderen ›Magiern‹ und ›medicinemen‹ primitiver Gesellschaften abzuheben, gewinnt die Feststellung schamanischer Komplexe (...) eine recht erhebliche Bedeutung. Magie und Magier findet man fast überall auf der Welt; Schamanismus hingegen bedeutet eine eigentümliche ›Spezialität‹ in der Magie, (...) mit ›Meisterschaft über das Feuer‹, magischem Flug usw. Wenn also der Schamane auch unter anderem ein Magier ist, kann doch nicht jeder beliebige Zauberer als Schamane gelten. Diese Abgrenzung ergibt sich für die schamanischen Heilungen: Ein jeder ›medicine-man‹ heilt, aber der Schamane bedient sich einer nur ihm eigenen Methode. Und was die Ekstasetechniken des Schamanen betrifft, so erschöpfen sie keineswegs alle religionsgeschichtlich und völkerkundlich bekannten Arten des Ekstaseerlebnisses. Man kann daher nicht jeden Ekstatiker als Schamanen betrachten; der Schamane ist der Spezialist einer Trance, in der seine Seele den Körper zu Himmel- und Unterweltfahrten verlässt.«
(Mircea Eliade, Schamanismus und archaische Ekstasetechnik, Frankfurt am Main 1974, S. 15

Arme, in hellem, strahlendem Geleucht. Sie trat an Bruder Currado heran und legte ihm ihren gebenedeiten Sohn in die Arme. Und er nahm ihn in aller Demut entgegen, umarmte und küsste ihn, drückte ihn an seine Brust und wollte in göttlicher Liebe und unaussprechlicher Seeligkeit dahinschmelzen und vergehen.«[104]
Doch man darf den Vergleich zwischen christlichen Mystikern und Schamanen nicht zu weit treiben: »Im Unterschied zum Christentum (...) messen die Völker, die sich als ›schamanistisch‹ zu erkennen geben, den ekstatischen Erlebnissen ihrer Schamanen eine erhebliche Bedeutung zu; sind es doch die Schamanen, die durch ihre Trancen heilen, die ihre Toten ins ›Reich der Schatten‹ geleiten und als Mittler zwischen ihnen und ihren Göttern (...) dienen. Diese mystische Elite lenkt nicht nur das religiöse Leben der Gemeinschaft, sondern wacht in gewisser Weise über ihre ›Seele‹. Dort aber, wo das Los der Seele selber nicht berührt ist, wo es sich nicht um Krankheit (= Verlust der Seele), Tod oder Unglück handelt, oder um ein großes Opfer, das ein mystisches Erlebnis beliebiger Art (mystische Himmels- oder Unterweltreise) einbegreift, dort ist der Schamane entbehrlich. Ein großer Teil des religiösen Lebens spielt sich ohne ihn ab.«[105]
Naturwissenschaftler vermuten inzwischen, dass das Gefühl des Schwebens, das der Schamane während eines veränderten Bewusstseinszustandes verspürt, durch eine stressbedingte Reaktion des Gehirns verursacht wird: »Der Schamane hat das Empfinden, dass er selbst oder seine Seele durch den Raum fliegt. Dies wird meist als lustvoll beschrieben. Bei Angst und Stressreaktionen wird die Skelettmuskulatur verstärkt mit Blut versorgt. In Extremsituationen kann dies zu einer Blutleere im Gehirn führen. Auch wenn man sich längere Zeit auf den Boden legt und sich dabei nicht bewegt und rasch oder zu langsam (typischer Fehler bei Meditationen) atmet, kann es zu einer Reduzierung von Blut im Gehirn kommen. Sauerstoff kann dann das Gehirn nicht mehr ausreichend versorgen. Wenn die Schläfenlappen betroffen sind, erlebt man ein eigenartiges Gefühl: Man glaubt, dass man schwebt.«[106]

Das verlorene Paradies

In früheren Zeiten war die Ekstase und damit die Passage zwischen Dies- und Jenseits übrigens kein ausschließliches Privileg der Schamanen: »Denn was heutzutage die Schamanen in Ekstase vollbringen, das war einst, am Morgen der Zeiten, allen Menschen (...) möglich; sie stiegen zum Himmel auf und wieder herab, ohne dazu der Trance zu bedürfen. Die Ekstase bringt vorübergehend und für eine beschränkte Zahl von Menschen, nämlich die Schamanen, den uranfänglichen Zustand der ganzen Menschheit zurück. In dieser Hinsicht ist das mystische Erlebnis der ›Primitiven‹ eine Rückkehr zu den Ursprüngen, in die mystische Zeit des verlorenen Paradieses.«[107]

Trance im Westen

Auch im Westen gibt es medizinisch-psychotherapeutische Heiltechniken, bei denen mit Hilfe von Trance psychosomatische Erkrankungen behandelt werden. Es ist inzwischen weitgehend anerkannt, dass Trance heilend auf Körper und Psyche wirken kann. Während der Trance sinkt der Blutdruck, die Muskeln entspannen sich, es werden vermindert die Stresshormone Kortisol und Katecholamine ausgeschüttet und etwaige Schmerzzustände dadurch gelindert. Diese Verfahren unterscheiden sich aber von den schamanischen Praktiken: Während der Schamane bei seiner Trancereise quasi als Stellvertreter für seinen Klienten fungiert und in dessen Auftrag mit den Geistern verhandelt, aktiviert der westliche Therapeut stattdessen den Patienten selbst und versucht ihn zu motivieren, selbst Verantwortung für den Heilungsprozess zu übernehmen.

Es gibt nur eine Gewissheit,
nämlich dass wir keine Gewissheit haben können;
und deshalb gibt es auch die Gewissheit nicht,
dass wir keine Gewissheit haben können.
(Samuel Butler)

5. TREIBSTOFF FÜR DIE REISE

In unserem Kulturkreis gelten bewusstseinserweiternde Drogen als Eintrittsticket zur Hölle und sind Anlass für Verbot und Ächtung von Seiten des Gesetzgebers und der Gesellschaft. Ganz anders gestaltete sich dieses Verhältnis in vielen alten Kulturen: Drogen aller Art fungierten hier quasi als Türöffner zum Göttlichen, ihr Gebrauch war aber streng geregelt und in ein umfassendes System aus Zeremonien, Verfahrensregeln und mythologischen Vorstellungen eingebettet. Derartige Sakraldrogen kannte man unter anderem im antiken Griechenland und verwendete sie bei den Ritualen des Dionysos- und Demeter-Kultes. Die delphische Pythia pflegte auf einem Dreistuhl zu sitzen, berauschende Dämpfe aus der Tiefe einzuatmen und anschließend in ekstatischem Zustand die Geheimnisse der Zukunft zu offenbaren. Bei den Kelten genossen die Druiden vor dem Weissagen Eicheln, bedienten sich der Hypnose und waren angeblich sogar in der Lage, die Menge in einen Zauberschlaf zu versetzen. Bei den mesoamerikanischen Hochkulturen gehörten, wie der Schriftsteller Carlos Fuentes betont, psychoaktive Pflanzen zum religiösen Alltag: »Die Indianer benutzten Halluzinogene und Pilze von Anbeginn ihrer Kultur. Es ist nicht Teil der modernen Welt, für sie ist es Teil ihrer uralten Kultur. Dieses Ereignis ist für sie vollständig getrennt vom modernen städtischen Leben.« Vielfach herrscht heute die Ansicht, dass sich der Schamanismus zu wesentlichen

Teilen auf die Erfahrung mit psychoaktiven Pflanzen gründet, auf ein elaboriertes Gebrauchswissen von Drogen. Der nach der Einnahme folgende Rauschzustand ist dabei ein unverzichtbares Element jeder Heilungs- und Initiationszeremonie. Noch heute verwenden die Mitglieder der »Native American Church« Meskalin in Form des Peyotl-Kaktus, um auf diese Weise dem höchsten Wesen nahe zu sein. Meskalin bewirkt Raum- und Zeitverschiebungen, außerkörperliche Erfahrungen, Musiksehen, Geruchs- und Geschmackssensibilisierung sowie mystisches Erleben und Visionen.

Wodka statt Fliegenpilz

Gleichsam als Trancebeschleuniger genossen sibirische Schamanen die Kappen des Fliegenpilzes (Amanita muscaria). Auch die legendären Berserker dopten sich mit dem charakteristischen Pilz für ihre gewalttätigen Auftritte. In der Yngling-Saga wird das so beschrieben: Sie »gingen ohne Panzer in den Kampf, toll wie Hunde oder Wölfe; sie bissen in ihre Schilde und waren stark wie Bären oder Stiere; sie mähten ohne Unterschied nieder, und weder Feuer noch Eisen taten ihnen etwas an«[108]. Für den Ethnopharmakologen Christian Rätsch ist der charakteristische rote Pilz die nordische Schamanendroge par excellence: »Von den meisten Schamanen der nördlichen Hemisphäre wurde er rituell eingenommen. Bei den Lappen (Samen), den sibirischen Nomadenvölkern (Samojeden, Ostjaken, Tungusen, Jakuten) und den nordamerikanischen Indianern ist sein schamanischer Gebrauch nachgewiesen.«[109] Moderne Schamanen ersetzen den Fliegenpilz vermehrt durch Tabak und Wodka. Pro Séance wird dabei gut eine Flasche (ca. ¾ l) verbraucht.
Ebenfalls in dieser Region wurde auch der Rauch von wildem Rosmarin inhaliert, während im Hindukuschraum bevorzugt Wacholder-, in Nord- und Südamerika Tabakrauch Verwendung fand, heute in Form von fortgesetztem Zigarettengenuss bis zum Erreichen der Trance. In Mittel- bzw. Teilen des südlichen Nor-

damerika werden dagegen bestimmte psychoaktive Pflanzen verwendet. Bekannt ist vor allem Ayahuasca, ein halluzinogenes Getränk, das aus verschiedenen Arten der Gattung Banisteriopsis hergestellt wird, die zu den Malpighiaceae, einer Familie der Kreuzblumenartigen, zählt. Diese Kletterliane wird sowohl wild gewonnen als auch im Garten beim Haus kultiviert. Die Zubereitung ist simpel: Man zerstößt sie im Mörser, füllt sie in ein Tongefäß um, gießt Wasser auf und seiht das Gemisch nach einer gewissen Zeit schließlich durch. Genossen werden immer nur kleine Mengen. Für die Wirkung sorgen die Alkaloide Harmin, Harmalin und Tetrahydroharmin. Ayahuasca, von den Indios des brasilianischen Urwaldes auch als »Liane des Todes« bezeichnet, bescherte nicht nur einheimischen Schamanen wilde Phantasien. Ein christlicher Missionar kostete von dem »Absud von stundenlang gekochten Fasern einer Lianenrinde« und erlebte dabei gewaltige religiöse Grenzerfahrungen: »Vergangenheit und Zukunft scheinen sich in der Gegenwart aufzuheben, Tod und Leben, Gott und Teufel wohnen gleichzeitig im selben Zimmer. (...) Man erkennt, dass der Tod Schlüssel aller Geheimnisse ist. Es ist, als ob man mit dem Tod alles vergesse und wieder neu lernen müsste. Es ist einfach unheimlich, nie erlebt und vorgestellt.«[110]

Learys Pilze

Weitere Einstiegshilfen in die »andere« Welt bildeten der auch »Teufelskraut« genannte Stechapfel (Datura), eine Gattung von Nachtschattengewächsen, der Peyotl (Lophophora williamsii), ein Kakteengewächs, dessen Wirkung auf dem Alkaloid Meskalin beruht, und verschiedene Arten der Psilocybinpilze (insbesondere Psilocybe mexicana) mit dem Indolalkaloid und Psilocin als hauptwirksame halluzinogene Inhaltsstoffe. Der Kult um diese halluzinogenen Pilze in Mexiko beschäftigte auch den Forscher Roger Heim. Er testete an sich und an freiwilligen Probanden deren Wirkung. Das Ergebnis: 63 Prozent der Pilzkonsumenten erlebten sich als bewegende Objekte, 81 Prozent gerieten in euphorische Zustände. Ähnliches unternahm auch Timothy Leary, LSD-Forscher und Professor für transexistenzielle Psychologie, im Auftrag der Universität Harvard. Er überprüfte die Wirkung von Psilocybin an Schwerstkriminellen und glaubte angesichts positiver Effekte fest daran, dass derartige Formen der Bewusstseinsveränderung für eine bessere Welt sorgen würden. Leary propagierte den freien Zugang zu Drogen, forderte aber gleichzeitig einen verantwortungsvollen Umgang. Das war die Geburtsstunde der Swinging Sixties und einer psychedelischen Revolution. Musik und Drogen wurden zu einem Teil des Lebensgefühls, von einem verantwortungsvollen Umgang war natürlich keine Spur zu sehen, und über die Gefahren oder gar Spätfolgen wurde kaum nachgedacht. Learys Visionen verpufften im Rausch von Sucht, Abhängigkeit und Depression, die Nachwirkungen sind bis heute spürbar. Immer jünger werdende Konsumenten nutzen Drogen nicht mehr für sakrale Zwecke oder zur Bewusstseinserweiterung, sondern nur noch als schnell wirkende Ausstiegshilfe aus dem tristen Alltag. Unter dem Eindruck dieses negativen Stigmas dauerte es sehr lange, bis man sich auch an die Erforschung der therapeutischen Verwendbarkeit dieser Gewächse machte. Derzeit wird in der Schweiz der Pilzwirkstoff Psilocybin auf seine Relevanz für die Medizin untersucht, allerdings natürlich unter ganz anderen Prämissen als seinerzeit Timothy Leary.

Castanedas Träume

Neben Leary sorgte in den 60er-Jahren noch ein weiterer Wissenschaftler für Furore unter den Anhängern bewusstseinserweiternder Substanzen. Angesagte Lektüre, vor allem in den Reihen der Hippie- und Studentenbewegung, waren die seit 1967 in Buchform erscheinenden Feldforschungsberichte von Carlos Castaneda. Der bis heute geheimnisumwitterte Kulturanthropologe – manche behaupten sogar, seine Existenz sei pure Fiktion – berichtet darin über seine Erfahrungen als Schüler von Don Juan Matus, eines mexikanischen Yaqui-Zauberers (Brujos). Detailliert werden magische Praktiken, die Wirkungen halluzinogener Substanzen und die damit verbundenen Zustände nichtalltäglicher Wirklichkeit beschrieben. Die spannende Aufbereitung des Themas führte zu einem wahren Schamanismus-Boom, ließ aber auch immer wieder die – berechtigte – Frage auftauchen, ob Castanedas Angaben wirklich den Tatsachen entsprechen. Oft wurde heftig kritisiert, dass Castaneda durch seine – verständnisvolle und oft zu euphorische – Sicht auf die fremde Welt der Schamanen bei vielen Lesern die Lust weckte, selbst einmal die Wirkung der erwähnten Kraft-Pflanzen zu testen. Ob nun wahr oder lediglich gut erfunden, Legionen von Castaneda-Fans pilgern seitdem an die beschriebenen Stätten, »erforschen« die dort anzutreffende Pflanzenwelt und fördern damit – wenn schon nicht die eigene Gesundheit – wenigstens die Tourismusentwicklung in diesen strukturschwachen Regionen.

Bildgewaltig und phantasiereich sind Castanedas Geschichten allemal: So beschreibt er ziemlich drastisch seine ersten Erfahrungen mit Peyote (Don Juan nennt ihn Mescalito): »Ich suchte Don Juan, und als ich den Kopf drehte, merkte ich, dass sich mein Gesichtsfeld zu einem kreisförmigen Bereich vor meinen Augen verengt hatte. Dieses Gefühl war weder erschreckend noch unangenehm, sondern ganz das Gegenteil. Es war etwas Neuartiges; ich konnte buchstäblich den Boden kehren, indem ich auf eine Stelle sah und meinen Kopf dann langsam in irgendeine Richtung bewegte. (...) Ich bewegte meinen Kopf nach links, um mich auf das Wasser zu konzentrieren. Ich entdeckte den Boden des Topfes; ich hob meinen Kopf etwas und sah einen mittelgroßen, schwarzen Hund auf mich zukommen. Der Hund begann zu trinken. Ich hob die Hand, um ihn von meinem Wasser wegzujagen; ich konzentrierte meinen Nadelblick auf den Hund, um die Bewegung auszuführen, und plötzlich sah ich ihn durchsichtig werden. Das Wasser war eine leuchtende, zähe Flüssigkeit. Ich sah, wie es durch die Kehle in seinen Körper floss. Ich sah, wie es gleichmäßig durch ihn hindurchlief und dann aus jedem einzelnen Haar herausschoss. Ich sah die schillernde Flüssigkeit die Länge des einzelnen Haares entlanglaufen, und dann sah ich, wie es aus den Haaren herausschoss in einer langen, weißen, seidenen Mähne. (...) Ich gelangte ans Wasser, senkte mein Gesicht in den Topf und trank mit ihm. Meine Hände waren vor mir auf dem Boden, und während ich trank, sah ich die Flüssigkeit durch meine Adern rinnen in roten, gelben und grünen Schattierungen. Ich trank mehr und mehr. Ich trank, bis ich in Flammen aufging; ich war ein einziges Glühen. Ich trank, bis die Flüssigkeit meinen Körper durch jede Pore verließ und wie Seidenfasern herausstand, und auch ich erhielt eine lange strahlende, leuchtende Mähne.«[111]

Auch den Stechapfel, in Mexiko »yerba del diablo« (Teufelskraut) genannt und im westlichen Kulturkreis als Bestandteil mittelalterlicher Hexensalben berühmt, probierte Castaneda am eigenen Leib aus: »Als ich mit dem Einreiben fertig war, richtete ich mich auf. Der Geruch der Mixtur stieg mir in die Nase. (...) Der scharfe Geruch würgte mich richtig. Es war wie eine Art Gas. Ich versuchte durch den Mund zu atmen und mit Don Juan zu sprechen, aber ich konnte es nicht. Don Juan starrte mich ständig an. Ich ging einen Schritt auf ihn zu. Meine Beine waren weich und lang, extrem lang. Ich machte einen weiteren Schritt. Meine Kniegelenke fühlten sich so elastisch wie ein Sprungstab an; sie zitterten und vibrierten und zogen sich elastisch zusammen. Ich bewegte mich voran. Die Bewegungen meines Körpers waren langsam und zitternd; es war mehr wie ein bebendes Auf und Ab. Ich sah hinunter und sah auf Don Juan, der unter mir saß, weit unter mir. Der Antrieb trug mich einen Schritt weiter, und dieser Schritt war noch elastischer und länger. Und von da an schwebte ich. Ich erinnerte mich, einmal heruntergekommen zu sein; dann stieß ich mich mit beiden Füßen ab, sprang rückwärts und glitt auf meinen Rücken. Ich sah den dunklen Himmel über mir und die Wolken, die an mir vorbeizogen. Ich beugte meinen Körper, um hinunter sehen zu können. Ich sah die dunkle Masse des Gebirges. Meine Geschwindigkeit war sehr schnell. Meine Arme waren fest angelegt. Mein Kopf bestimmte die Richtung. Wenn ich ihn nach hinten gebeugt hielt, machte ich senkrechte Kreise. Wenn ich den Kopf zur Seite drehte, veränderte ich die Richtung.

Ich erlebte eine Freiheit und Geschwindigkeit, die ich noch nie erfahren hatte. Die herrliche Dunkelheit gab mir das Gefühl von Traurigkeit, vielleicht von Sehnsucht. Es war, als hätte ich einen Platz gefunden, zu dem ich gehörte – die Dunkelheit der Nacht. Ich versuchte mich umzusehen, aber alles, was ich wahrnahm, war die ruhige Nacht, und doch hatte sie so viel Macht. Plötzlich wusste ich, dass es Zeit war hinunterzugehen; es war, als hätte ich einen Befehl bekommen, dem ich zu gehorchen hätte. Und ich begann wie eine Feder herabzutaumeln. Mir wurde schlecht durch diese Bewegung. Sie war langsam und ruckartig, so als würde ich durch Flaschenzüge herabgelassen. Ich erbrach mich. Mein Kopf schien von den fürchterlichsten Schmerzen zu zerspringen. Eine Art Schwärze umgab mich. Ich war mir des Zustands bewusst, darin gefangen zu sein.«[112]

In seinem vierten Buch, »Der Ring der Kraft«, erkennt Castaneda allerdings, dass der wahre Eingeweihte für die Reise zwischen den Welten gar keine Kraft-Pflanzen benötigt und dass die bedeutsamen Veränderungen und Ergebnisse der Zauberei stets im Zustand nüchternen Bewusstseins erreicht werden.

Der Flug der Hexen

Der Stechapfel (Datura stramonium) bescherte aber nicht nur Carlos Castaneda ungewohnte »Fluggefühle«. Im Europa des Mittelalters sorgte er als wesentlicher Bestandteil der Hexensalben für eine gesteigerte Potenz und heftige erotische Träume. Der deutsche Ethnologe Hans Peter Duerr erzählt, dass die Nachtfahrenden noch das Schwarze Bilsenkraut, die Tollkirsche (Belladonna), den Blauen Sturmhut und wohl auch alkaloidhaltigen Krötenschleim zur Herstellung ihrer Salben für den Flug zur nächtlichen Zusammenkunft benutzen. Nach dem Einreiben, Einatmen oder der Einnahme stellten sich nachweislich Halluzinationen, erotische und das Gefühl des Fliegens hervorrufende Träume ein.[113] Das Schwarze Bilsenkraut (Hyoscyamus niger) ist eines der ältesten Schlaf- und Beruhigungsmittel, als Beschwö-

rungs- und Zauberkraut wurde es gegen Gicht angewendet. Das Bilsenkraut enthält die Alkaloide Scopolamin, Atropin und Hyoscyamin und sorgt dafür, dass die Wahrnehmungsmöglichkeiten zur Alltagswelt abgedämpft und das eigene Gehirn aktiviert werden.
Was der Genuss einer derartigen zusammengebrauten Hexensalbe verursachen kann – Nachahmung kann wahrlich nicht empfohlen werden –, erlebte der Göttinger Volkskundler Will-Erich Peukert, kurz nachdem er sich damit eingerieben hatte: »Vor meinen Augen tanzten zunächst grauenhaft verzerrte menschliche Gesichter. Dann plötzlich hatte ich das Gefühl, als flöge ich meilenweit durch die Luft. Der Flug wurde wiederholt durch tiefe Stürze unterbrochen. In der Schlussphase sah ich schließlich das Bild eines orgiastischen Festes mit grotesken sinnlichen Ausschweifungen.«[114]
Für die Ekstasen dürfte damals auch das auf Roggen als Pilz gedeihende Mutterkorn (Claviceps purpurea) gesorgt haben. Das Mutterkorn, im Mittelalter bezeichnenderweise »Tollkorn« genannt, enthält Alkaloide, mit denen sich auch LSD herstellen lässt. Bei Überdosierung wurden heftige Krämpfe und der Epilepsie ähnliche Zustände beobachtet. Die psychogene und schwer kontrollierbare Wirkung von LSD wurde übrigens erst im Jahre 1943 von dem Schweizer Chemiker Albert Hofmann nachgewiesen.

Magisches Bier

Für Christian Rätsch war das Bilsenkraut bereits bei den Germanen als Zauberpflanze bekannt und als Zutat von Bier gebräuchlich. Man konnte damit gleichsam eine Reise ins eigene Gehirn und damit zum Ursprung des Seins machen: »Es wurde nicht nur zum Bierbrauen benutzt, sondern auch als Räucherstoff, als Räucherwerk, um prophetische Trancen zu erzeugen. Das haben hauptsächlich die Frauen gemacht. Über Jahre wussten wir nicht, ob das wirklich stimmt, es war nur eine Hypothese – bis ein Wikingergrab im Gebiet Süddänemark/Norddeutschland mit einer

Frau darin gefunden wurde, die ungefähr 28–36 Jahre alt war. Die lag dort in einem für Seherinnen typischen Kleid, also mit einem langen blauen Mantel mit Resten von Katzenfell, einem Lederband und einem Lederbeutel. Aus schriftlichen Quellen wissen wir, dass diese Frauen in diesem Beutel ihren Zauber hatten (...) man konnte ihn öffnen und er war voll mit Bilsenkrautsamen.«
Neben Bilsenkraut wurde auch Hanf zum Bierbrauen verwendet, bis dies durch das deutsche Reinheitsgebot von 1516 untersagt wurde: »Das deutsche Reinheitsgebot heißt in Wirklichkeit das bayrische Reinheitsgebot von 1516. Das ist die Hochzeit der katholischen Inquisition gewesen und es ist kein Zufall, dass das in derselben Zeit entstanden ist. Das bayrische Reinheitsgebot ist das erste Anti-Drogen-Gesetz der deutschen Geschichte. Es wurde ausdrücklich gesagt, man darf das Bilsenkraut im Bier nicht weiter verwenden, sondern nur noch Hopfen.«[115] Rätsch fügt hinzu, dass Bilsenkraut heute nur mehr in Nepal für schamanische Zwecke benutzt wird. Bei uns erinnert noch der Name der tschechischen Stadt Pilsen, Herkunftsort des berühmten Pilsener Bieres, an den Anbau dieser Pflanze.[116]

Gespräch mit dem Teufel

Die Kirche lehnte die Einnahme solcher ekstasefördernden Substanzen strikt ab. Sie wurden dem Aberglauben und der Götzenanbeterei zugeordnet, das Handeln in veränderten Bewusstseinszuständen wurde als Sprechen mit dem Teufel angesehen. Die Intention war klar: Charismatische Persönlichkeiten, wie eben die Schamanen, die derartige Zustände erreichen konnten und deshalb innerhalb ihrer Gesellschaft Autorität und Achtung genossen, waren nicht kontrollierbar und deshalb ein Hindernis für die Bekehrungsversuche der Christusjünger.
Um die Ausübung ekstatischer Praktiken zu unterbinden, griff man vielfach zu drastischen Mitteln: So verbot man beispielsweise den nordamerikanischen Ureinwohnern einfach ihre kultischen Tänze. Wurde die Anordnung nicht befolgt, drohten Gefängnis und

Bestrafung. Natürlich widersetzten sich viele Ureinwohner und wurden dadurch zum Freiwild für die landhungrigen Siedler. »Der Rote Mann blieb in den Augen der Weißen ein Tier des Waldes, das man ausbeuten konnte oder auszurotten hatte«, schrieb dazu der amerikanische Historiker James Truslow Adams.[117] Erst viele Jahre später, die einstigen Beherrscher der Prärie waren längst in Reservate gepfercht und ihre Büffelherden vernichtet, versuchte man das Geheimnis der indianischen Seele zu ergründen. Clark Wissler meinte dazu in seinem Buch »Das Leben und Sterben der Indianer«: »Der Weiße hat den Indianer besiegt, er hat mit ihm Handel getrieben und manchmal seine Frauen geheiratet, er hat seine Ansichten und Art meist verachtet – aber er hat ihn nie verstanden.«[118] Man erkannte, dass die Ureinwohner noch in perfekter Harmonie mit der sie umgebenden Natur lebten: »Er sah ringsum Lebewesen, er belauschte sie, bis er ihre Art erkannte, er staunte über die Geschicklichkeit, mit der sie ihn überlisteten, über ihr menschenähnliches Verhalten und über seine Unfähigkeit, sich mit ihnen zu verständigen. Er empfand den Urwald als etwas Lebendiges, die Bäume waren für ihn fast wie Menschen, und die Winde waren der Hauch irgendeines großen, unsichtbaren Überwesens. Wenn die Gewitterwolken dröhnten, der Donner krachte,

Euphorie und Sucht

»Der Genuss alkaloidhaltiger Pflanzenextrakte wirkt spezifisch auf bestimmte Zentren des Nervensystems. Alkaloide wirken (...) anregend (...) und euphorisierend, daher suchtbildend, andererseits auch betäubend und, bei Übergenuss, toxisch, vor allem aber wahrnehmungsverändernd. Bereits kurz nach der Einnahme (...) stellen sich Schwindel, Zittern, Beengtheitsangst und Atemnot, bald aber auch ein befreiendes Glücksgefühl ein, begleitet von dem Empfinden, überwirkmächtig zu sein. Die Seele löst sich vom Körper, steigt auf und fliegt. Phantastische Landschaften, bevölkert von absonderlich gestalteten Tieren und Geistwesen, tun sich vor ihr auf, Flammen lodern, grelle Blitze erleuchten eine stürmische See oder tauchen wogende Wolkenmeere minutenlang in gleißendes Licht. Gegen Ende bleiben Kopfweh, stellen sich Gähnkrämpfe und nahezu immer eine hohe, schmerzhafte Lichtempfindlichkeit, schließlich lähmende Erschöpfung ein.«

(Klaus E. Müller: Schamanismus – Heiler, Geister, Rituale. München 2001, S. 82.)

der Wirbelsturm durch die Bäume brach, so fühlte er die Gegenwart von Kräften, die auf der höchsten Stufe schöpferischer und vernichtender Gewalt standen. Wenn er über Land ging, fühlte er sich umgeben von Lebewesen, die ihn kannten, die, wenn sie wollten, mit ihm sprechen konnten und sein Schicksal jederzeit zum Guten oder zum Bösen wenden konnten; an sie wandte er sich mit der Bitte um Rat und Weisheit.«[119] Wenigen Auserwählten, Schamanen, wurden dabei besondere Fähigkeiten und übernatürliche Kräfte zugeschrieben: »Wenn er (...) lange Zeit gefastet und sich mannigfachen Martern unterworfen hat, dann hört so ein Mann – gewöhnlich noch ein Jüngling – vielleicht eine Stimme und in der Dunkelheit erscheint eine Gestalt. Es mag ein Tier sein, ein Vogel oder auch ein Baum, aber schließlich nimmt sie menschliche Form an und redet zu dem Flehenden, und fragt ihn, warum er hier jammert. Wird seine Bitte erhört, so erhält er bestimmte Unterweisungen, die Gestalt lehrt ihn gewisse Lieder und legt ihm gewisse Bedingungen auf. Die Macht, die ihm da verliehen wird, ist manchmal ein Gefeitsein gegen Krankheiten und Verwundungen im Krieg, oder die Macht, Kranke zu heilen (...). Das wäre also die Art, in der ›Kräfte‹ verliehen werden. Der Betreffende schließt einen Pakt oder gibt ein Versprechen, durch das er sich an eine bestimmte unsichtbare Macht bindet, die er im Fall der Not zu Hilfe rufen kann.«[120]

Überleben in Lappland

Mangelnde Toleranz zerstörte aber nicht nur hoch entwickelte Zivilisationen jenseits des Atlantiks, die christlichen Missionare blieben auch bei jenen in den nördlichen Gebieten Europas, den von Mythen umwobenen Territorien der Samen, in dieser Hinsicht nicht untätig. Man zeigte sich hier besonders eifrig, wurden diese Gebiete doch – zumindest vor der Zeit der Aufklärung – mit dem Bösen assoziiert. Man vermutete hier den Aufenthaltsort Satans und einen Ort, an dem Hexen und Zauberer ihr Unwesen trieben. Als Hauptfeinde wurden die samischen Schamanen ausgemacht. Ihnen wurde die Fähigkeit zugeschrieben, sich mittels Runentrommel und Fliegenpilzgift in Trance zu versetzen und im Geist weit entfernte Orte besuchen zu können. Von dort zurückgekehrt, konnten sie erzählen, wo sie gewesen waren und was sie gesehen hatten. Für die – schwedischen – Missionare bestand kein Zweifel: Satan höchstpersönlich hatte den Samen die Trommel geschenkt. In der Trommel wohnten Dämonen, die durch die Schläge aktiviert wurden, und jeder Trommelschlag war somit ein Schlag für Satan in der Hölle. Die Folge: Im 17. Jahrhundert wurden die prächtigen, mit Symbolen verzierten Trommeln verbrannt, Götzenbilder und Kultgegenstände zerstört. Heute gibt es keine einzige Schamanen-Trommel mehr in Lappland, die wenigen noch existierenden Exponate befinden sich längst in ausländischen Museen und Sammlungen. Und doch – und das klingt ein wenig tröstlich – lebt der samische Glaube noch im Verborgenen weiter. »Noch heute«, sagt Helge Sobik über eine Reise zu den letzten Schamanen in Lappland, »opfern die Samen ihren Geistern, die offiziell Geschichte sind und insgeheim den Alltag bestimmen«[121]. Es ist noch immer Brauch, jedes Frühjahr am Ufer des Inarisees einen heiligen Stein mit dem Fett des ersten gefangenen Lachses der Saison einzureiben, um damit das Wohlwollen von Geistern und Göttern zu erbitten. »Nie würde ein Same einen Wacholder verletzten, nie einen Zweig abbrechen, nie mit diesen Zweigen Fisch räuchern. Wacholder ist die heilige Pflanze der Spiegelwelt und gehört den Geistern.«[122] Wenige Schamanen in der Sami-Tradition gibt es noch, wie etwa den in Oslo lebenden Ailo Gaup. Sonst sind sie kaum in einem Adressbuch zu finden, aber sie bewahren dennoch die Tradition ihrer Ahnen und man erzählt sich, dass sie noch immer die Kraft haben, um zwischen den Welten zu wandern.

Zauberkundige Frauen als Hexen verfolgt

Das Wissen um die Wirkung und richtige Anwendung der diversen Gift-, Heil- und Zauberpflanzen wurde vielen Frauen natürlich vor allem in den Perioden der Hexenverfolgungen zum Verhängnis. Die Furcht vor zauberkundigen Frauen, die in erster Linie den Kreis der Inquisitoren beherrschte, reicht allerdings weit in die vorchristliche Zeit zurück, als die Hexen noch als Priesterinnen der Muttergottheit fungierten. Ihr Status war äußerst ambivalent: sie waren sowohl helfend und heilend als auch bedrohlich und vernichtend. »Der Glaube an Hexen und ihre Künste war auch den Germanen geläufig; er scheint das Wohngebiet der Nordgermanen durch ihre Nachbarschaft zu Volksstämmen wie den Lappen und Finnen erreicht zu haben.

Zahlreiche Parallelen bestehen zwischen den Inhalten des Hexenglaubens und den Phänomenen des Schamanismus, der Vorgangsweise der Trance-Medizinleute nordasiatischer Völker. Von den sibirischen Schamanen wird wiederholt berichtet, dass ursprünglich Frauen die Rolle dieser Ekstaseheiler gespielt hätten, während die Männer erst später (zum Teil in weiblichen Kostümen) diese Rituale mit ihren visionären Flugreisen durchgeführt hätten.«[123] Tacitus betont, dass die Germanen glaubten, den Frauen »wohne etwas Heiliges und Seherisches inne«, und die Männer »verschmähen nicht ihre Ratschläge, schätzen gering nicht ihre Bescheide«. Warum in erster Linie Frauen Opfer der Verfolgungen wurden und man großteils noch heute stets von der Hexe, aber nur selten vom Hexer spricht, begründet Eduard Fuchs in seiner »Sittengeschichte der Renaissance«: »Diese Erscheinung hat, soweit es Deutschland betrifft, zweifellos eine Hauptursache in der altgermanischen Stellung der Frau in der Religion. Die Frau war hier die Priesterin, die ständig im Bund mit göttlichen Gewalten ist; die Hexe ist in gewissem Sinne die Nachfolgerin der germanischen Priesterin.«[124]

Ähnlich wie die Schamanen waren Hexen Grenzgänger zwischen der Realität und dem Bereich des Übernatürlichen. Früher Heckenfeen (Haghedisse) oder Zaunreiterinnen (Hagazussa) genannt, waren damit mythische, weibliche Wesen gemeint, die sich über den »Zaun« schwingen konnten, der die »Heimat« von der »Wildnis« trennte und das Gemeinschaftsleben von der Einsamkeit des Todes. Hinter dem »Zaun«, der die Zugehörigkeitsgrenze

markierte, wurden Grenzerfahrungen möglich.[125] Derartig veranlagte Personen galten damals als die wichtigsten Protagonisten der Gruppe: als Wächter, Weise und Heiler und nicht – wie später in den Zeiten der Hexenfurcht – als Verkörperung des Bösen. Dieses Phänomen beschränkt sich aber nicht nur auf Europa, sondern war weltweit verbreitet: »Es gibt Beispiele aus Ostasien, Sibirien, Nord- und Südamerika, Afrika und Ozeanien, die immer wieder gleichartige Strukturen aufweisen: Der weibliche Mensch wird als magisch-intuitiv höher begabt eingeschätzt, als ein Geschöpf mit unmittelbarerem Zugang zu der Geisterwelt und den Dämonen, woraus eine ständige Ausgesetztheit gegenüber der Nachtseite und den teuflischen Wesen abgeleitet wird. Besonders die alte Frau, die nicht mehr im natürlichen Lebenskreislauf steht, wird als willkommenes Gefäß der satanischen Mächte angesehen. Es wird ihr nachgesagt, dass sie Kinder auffrisst, da sie nicht mehr gebären kann, dass sie im schamanischen Sinn tierische Hilfsgeister besitzt (spiritus familiaris), von ihren dämonischen Schützern zauberische Fähigkeiten erhält und der übrigen Menschheit nur noch mit Neid und Missgunst gegenübersteht.«[126]
Zu den wichtigsten Attributen, die einer Hexe zugeschrieben wurden, zählten Kenntnisse in der Heilkunde, und noch bis zum 15. Jahrhundert war die Medizin fast ausschließlich eine weibliche Domäne. »Auffallend ist, dass der Beginn der Hexenverfolgung mit der allmählichen Verdrängung der Frau aus der Heilkunst zusammenfällt. (...) Das Zurückdrängen des Weiblich-Intuitiven und dessen Dämonisierung führten schließlich dazu, dass lediglich Symptome von männlichen Ärzten kuriert wurden, der Mensch als Ganzheit von Körper und Seele nicht mehr erkannt wurde. Der Intellekt begann die Gefühlskräfte zu verdrängen.«[127]

Keine Drogen – Konzentration genügt

Bei vielen Schamanen ist der Genuss von Drogen oder Alkohol allerdings streng verpönt. Sie sind der Ansicht, dass er ihre seherischen und heilenden Kräfte schwäche und ihnen die Fähigkeit nehmen würde, sich in Ekstase zu versetzen. Dazu passt – vor allem in Sibirien, teilweise aber auch bei Indianern Nord- und Südamerikas – die Auffassung, »dass ein wahrhaft ›großer‹ Schamane keinerlei Stimulanzien, namentlich keiner halluzinogener Drogen bedürfe, sondern im Stande sei, allein mittels gedanklicher Konzentration und Willenskraft in Trance zu geraten. (...) Die Schamanen schlossen dazu die Augen, um besser ›nach innen sehen zu können‹, und nahmen lediglich eine spezifische Art des Atmens – in tiefen, rhythmisch gleichmäßigen Zügen – zu Hilfe.«[128]

Auch bei den meisten heute praktizierenden Neo-Schamanen wird die Verwendung von Drogen zur Erlangung von Trance und Ekstase mehrheitlich abgelehnt. Für sie ist der Einsatz kulturfremder Drogen nicht zweckmäßig, da eine Droge ihre positive Wirkung nur im dazugehörigen kulturellen Umfeld entfalten könne. Dazu kommt noch, dass den Europäern die jahrhundertelange Erfahrung im Umgang mit bestimmten Rauschmitteln, die ihren Sinn und ihre Funktion im »archaischen« Schamanismus haben, fehlt.[129]

Rausch der Macht

Berauschung dient aber nicht zur Kontaktaufnahme mit der anderen Welt, sondern signalisierte früher auch Überlegenheit gegenüber dem Rest der Gesellschaft. Bezeichnend ist hier eine Tradition aus dem Kulturkreis der Maya. Bei Ausgrabungen wurden immer wieder dünne Röhrchen entdeckt, deren Bedeutung lange Zeit verborgen blieb. Schließlich wurden auch bemalte Vasen entdeckt, auf denen Szenen abgebildet waren, in denen die Röhrchen vorkamen: »Sie dienten zur Verabreichung rauscherzeugender Einläufe. Auf den Vasenbildern erhielt eine ranghohe Persönlichkeit, offenbar ein Priester oder Prinz, vor den Augen anderer einen zeremoniellen Einlauf. Die Einlaufröhre führt zu einem Behälter mit einem schaumigen, bierähnlichen Getränk, das vermutlich Alkohol, Halluzinogene oder beides enthält«[130], schildert der amerikanische Evolutionsbiologe Jared Diamond. Als die ersten europäischen Einwanderer eintrafen, hatten viele mittel- und südamerikanische Stämme ähnliche Bräuche, manche von ihnen halten auch heute daran fest. Verwendet werden Alkohol (hergestellt durch Fermentierung von Agavensaft oder einer Baumrinde), Tabak, Peyote, LSD-Derivate und aus Pilzen gewonnene Halluzinogene. Der zeremonielle Einlauf gleicht somit der bei uns üblichen oralen Einnahme von Rauschmitteln. Diamond sieht aber trotzdem einen wesentlichen Unterschied. Für ihn ist ein Einlauf ein viel wirksamerer Indikator für Stärke als das Trinken: »Erstens kann man sich zum Trinken an einen abgeschiedenen Ort begeben und so die Gelegenheit verpassen, anderen seinen hohen Rang zu signalisieren. Einläufe eignen sich eher als Gruppenerlebnis und schaffen so automatisch Gelegenheit zur Selbstdarstellung. Zweitens erfordert es mehr Stärke, Alkohol als Einlauf zu konsumieren, als ihn zu trinken, da er ja vom Darm direkt in die Blutbahn gelangt, statt erst im Magen mit vorher Gegessenem verdünnt zu werden. Drittens passieren im Dünndarm absorbierte Stoffe bei Nahrungsaufnahme durch den Mund zunächst die Leber, wo viele entgiftet werden, bevor sie das Gehirn (...) erreichen können. Im Unterschied dazu umgehen rektal in den Körper gelangende Substanzen die Leber. Und viertens sind der mündlichen Flüssigkeitsaufnahme durch den Brechreiz Grenzen gesetzt, ebenfalls im Unterschied zum Einlauf.«[131]

Glaube ist der Vogel,
welcher singt,
wenn die Nacht noch dunkel ist.
(Rabindranath Tagore)

6. MEDIKAMENT GLAUBEN

Was gläubigen Menschen schon immer bewusst war, wird nun auch immer öfter von der Naturwissenschaft anerkannt: Hoffnung und Glauben vermögen Schmerzen zu lindern, die Kraft der Suggestion kann heilen. Das Vertrauen auf göttlichen Beistand oder in die Autorität eines Arztes bzw. Schamanen gilt inzwischen als wesentlicher Faktor bei der Erhaltung des körperlichen und seelischen Wohlbefindens. Untersuchungen belegen, dass die Fähigkeit, an etwas oder jemanden zu glauben, im Fall von Krankheiten und anderen Schicksalsschlägen hilft. Es soll sogar den Heilungsprozess nach Operationen beschleunigen. Wer sich im Gebet oder im Rahmen von Meditationsübungen regelmäßig um den Kontakt mit dem Unendlichen bemüht, neigt weniger häufig zu seelischen Verstimmungen, ernährt sich bewusster und ist sozial besser integriert. Renommierte Mediziner, wie etwa der Chirurg Christiaan Barnard, der am 3. Dezember 1967 als erster Arzt der Welt ein menschliches Herz verpflanzte, verweisen hier gerne darauf, dass bei besonders komplizierten Operationen gerade jene Patienten die größten Überlebenschancen hatten, die fest an sich und das Gelingen des Eingriffs glaubten. Viel mit Glauben und Vertrauen hat auch der so genannte Placebo-Effekt zu tun. Placebos gehören laut Ansicht vieler Wissenschaftler zu den wirksamsten Arzneien, die der modernen Medizin zur Verfügung stehen. Das Besondere daran: Placebos helfen auch Menschen, die sich laut eigener Auskunft keiner Glaubensgemeinschaft zugehörig fühlen.

Länger leben

Wenn man einer US-Studie glauben darf, besitzt der Glaube an Gott sogar eine lebensverlängernde Wirkung: Gläubige, die ein oder mehrmals in der Woche zur heiligen Messe gingen, lebten im Durchschnitt um acht Jahre länger als Menschen, die den Gottesdiensten ständig fernblieben. Mit der potentiellen Heilkraft des Gebets, beschäftigten sich auch Mediziner der berühmten Harvard-Universität: Sie fanden heraus, dass die regelmäßige Zwiesprache mit dem Schöpfer positive Effekte im Körper in Gang setzt. Gebete und Meditationen entspannen den gesamten Organismus und bilden so eine effektive Therapie bei Herzrhythmusstörungen, Bluthochdruck oder chronischen Schmerzen. Besonders auffällig war, dass sich religiöse Patienten viel schneller von durch Herzleiden oder Schlaganfälle ausgelösten Depressionen erholten als jene, die über keine besonders religiöse Überzeugung verfügten. Unter dem Motto »Wer betet, tut Körper und Seele etwas Gutes« sieht auch eine deutsche Krankenkasse das Gebet als wichtigen Teil aktiver Gesundheitsvorsorge und empfiehlt ihren Mitgliedern entsprechende Rituale im Alltag. Man verweist dabei auf die positiven Effekte, die diese Momente der Ruhe und Entspannung auf den Organismus haben können: Bei jedem Gebet verlangsamt sich deutlich der Atem, wird gleichmäßiger und sorgt auf diese Weise für eine bessere Koordination der wichtigsten Körperfunktionen.

In guter Gesellschaft

Wer sich zum Gespräch mit dem Göttlichen zurückzieht, ist damit automatisch in guter und vor allem zahlreicher Gesellschaft. Die UNO hat errechnet, dass über vier Milliarden Menschen gelegentlich oder täglich bei einer höheren Instanz ihre Wünsche und Hoffnungen deponieren oder sich für erfüllte Lebensträume bedenken. Das Glaubensverständnis ist natürlich individuell verschieden, gemeinsam ist aber allen Betenden, dass sie sich besonders im Falle schwerer Schicksalsschläge oder Erkrankungen Rat und Hilfe erhoffen. Eine religiöse Orientierung, die aus regelmäßigen Gebeten Sicherheit und Geborgenheit bezieht, wirkt hier ebenso positiv wie eine lebensbejahende Einstellung, das Vertrauen in die eigenen Kräfte und der Wille zur Veränderung. Wie wichtig diese Kombination für die Bewältigung von Leid sein kann, bestätigt der Franziskanerpater Richard Rohr. Er beschäftigte sich einige Jahre lang mit Krankenheilung durch Gebet und wurde Zeuge, wie Menschen auf wundersame Weise körperlich geheilt wurden, manchmal in kürzester Zeit. Dabei beobachtete Rohr aber auch etwas anderes, was sich geradezu schematisch wiederholte: »Wenn diese körperlichen Heilungen nicht bald durch geistliche, psychische und emotionale Veränderungen ›abgedeckt‹ wurden, kamen die Symptome irgendwann zurück.«[132]

Die Grenzen des Glaubens

Bernhard Grom, Professor für Religionspsychologie und -pädagogik an der Hochschule für Philosophie in München, nennt drei Umstände für dieses Gesundheitsplus durch aktive Religiosität: »Erstens zeigen Gottesdienstbesucher ein besseres Gesundheitsverhalten: Sie rauchen im Durchschnitt weniger und konsumieren weniger Alkohol und Drogen; sie schnallen sich sogar häufiger an, wenn sie Auto fahren. Zweitens erfahren sie (...) in Zeiten der Krankheit wohl mehr soziale Unterstützung durch Vertraute aus der Gemeinde. Drittens kann lebendiger Glaube (...) dazu beitragen, dass emotionale Belastungen wie Trauer um einen Verstorbenen, Zukunftsangst bei Erkrankung oder Arbeitslosigkeit günstiger bewältigt werden, so dass das Immunsystem weniger beansprucht wird.«[133] In einer entsprechenden Untersuchung wiesen regelmäßige Gottesdienstbesucher seltener als andere hohe Werte von Interleukin-6 und ähnlichen Signalstoffen des Immunsystems auf. Glaube kann nach Ansicht von Grom nicht eine medizinische Behandlung ersetzen, wohl aber zu einem verantwortungsvollen Umgang mit der Schöpfungsgabe »Gesund-

Das meint die Komplementärmedizin zum Schamanismus: »Selbstverständlich steht es jedem Patienten frei, sich in schamanische Behandlung zu begeben. Diese wird nun auch vermehrt in Österreich angeboten. Eine wissenschaftliche Stellungnahme aus westlich-medizinischer Sicht ist nicht möglich, da es bezüglich der Wertigkeit dieser Behandlung und den möglichen Erfolgen in der Krebstherapie keine relevanten Untersuchungen gibt. Als ungewöhnliche Art einer unterstützenden Psychotherapie ist sie jedoch nur in den seltensten Fällen sinnvoll.«
(Leo Auerbach et al.: Krebs und Komplementärmedizin. Wien usw. 2002, S. 75 f.)

heit« motivieren, zur Unterstützung von Kranken anhalten und zur Bewältigung und Abpufferung von emotionalen Belastungen beitragen. Letztere lösen körperlichen Stress aus, der vermutlich längerfristig die Gefahr von Thrombosen und Herzinfarkten, das Risiko von Infektionen und Krebserkrankungen steigert. Glaube wirkt »als gesinnungsmäßiger, kognitiver Einfluss und nicht in der Art eines Medikamentes oder einer medizinischen Behandlung. Darum ersetzt er diese auch nicht, wie manche – nicht alle – Gebets- und Geistheiler versprechen«[134]. Gebets- und Geistheiler können zwar durch die persönliche Zuwendung manche Beschwerden zum Verschwinden bringen, Schmerzen lindern und das subjektive Wohlbefinden verbessern, aber der Glaube heilt laut Grom keine schweren Erkrankungen – er verhindert »nur« manche von ihnen und fördert Heilungsprozesse, indem er sie entstört. Eine Tür ins Wunderbare lässt der Wissenschaftler aber trotzdem offen und schließt erstaunliche Einzelfälle von Spontanheilungen, die sich jedoch auch bei Nichtgläubigen ereignen können, nicht aus.

Wunder sind möglich

Die Bibel ist voll von Berichten über Wunderheilungen, und Orte wie Lourdes oder Fatima sind häufig frequentierte Wallfahrtsziele von Menschen, die an chronischen und unheilbaren Krankheiten leiden und in der Linderung oder Beseitigung ihrer Leiden auf einen Nachweis von Gottes Wirken hoffen. Die medizinisch unerklärliche, spontane Genesung von eigentlich unheilbaren Krankheiten ohne direkte Beziehung zu vorherigen therapeutischen Maßnahmen steht aber nicht nur Katholiken offen. In einer Sendung des Westdeutschen Rundfunks wurde die kleine Paula Bracamonte vorgestellt, deren linker Arm von der Schulmedizin als »unheilbar gelähmt« diagnostiziert wurde. Eine Behandlung bei einem Geistheiler löste laut Auskunft der Eltern die Blockaden. Solche Geschichten werden immer wieder gerne erzählt, ausführlich ausgeschmückt und damit im Lauf der Zeit auch verändert. Für die Betroffenen sind derartige Wunderheilungen pure Magie, trotzdem bilden sie aber eher die Ausnahme als die Regel. Bei Erklärungsversuchen wird immer wieder gerne der Placebo-Effekt bemüht. Viele Forscher führen derartige »Spontanheilungen« nicht auf eine höhere Macht zurück, sondern auf bislang noch nicht näher erforschte Mechanismen im Körper. Diskutiert wird hier beispielsweise die Apoptose, eine Art »Selbstmord« von Tumorzellen, die einen von hunderttausend Krebspatienten plötzlich und unerwartet von seiner Krankheit befreit. Als Ursache vermuten Mediziner nicht das Walten eines gütigen Gottes, sondern eine besondere Rolle des Immunsystems.

Körper und Psyche

»Man muss hier stets den Zusammenhang zwischen Körper und Psyche bedenken«, erklärt die Wiener Psychologin Mag. Sabine Standenat. »Jede Krankheit kann ihre Ursache in der jeweiligen psychischen Befindlichkeit haben. Umgekehrt tragen aber auch psychische Faktoren massiv zur Heilung oder besseren Bewältigung des Leidens bei. Neben der bestmöglichen medizinischen Betreuung sollten sich Betroffene deshalb auch intensiv mit dem eigenen Seelenleben auseinandersetzen.« Laut Standenat, die sich am Wiener Wilhelminenspital der Arbeit mit Krebspatienten widmet, sollte man in erster Linie beginnen, sich selbst besser zu behandeln, lernen Nein zu sagen, einen gesunden Egoismus zu entwickeln und Menschen zu meiden, die einem in der Vergangenheit Schaden zugefügt haben. Dies erzeugt die Zuversicht, dass man das eigene Schicksal aktiv mitgestalten und zum Positiven verändern kann. »Wichtig für die Lebensqualität ist auch, dass man seine Ängste und Sorgen vertrauenswürdigen Menschen mitteilt. Das mildert den Leidensdruck und mobilisiert zusätzlich die Selbstheilungskräfte«, so Standenat. Die klinische Psychologin beobachtet dabei immer wieder Menschen, die im Angesicht des Leids plötzlich ungeahnte Kräfte entwickeln, die sie vorher augenscheinlich gar nicht gehabt haben: »Diese Patienten haben trotz ihrer Erkrankung wieder Lust am Leben, empfinden wieder Freude und entdecken auch die verschiedenen Formen der Spiritualität. Damit ist aber nicht nur Religion gemeint, sondern eigentlich alle Dinge, die uns leiten und berühren. Das kann Harmonie, Liebe, Meditation oder auch Intuition sein.«

Welche enorme Bedeutung eine optimistische Lebenseinstellung für das Überleben eines Menschen hat, beschreibt Viktor Frankl nach seinen Erfahrungen in einem deutschen Konzentrationslager: »Wer an seine Zukunft nicht mehr zu glauben vermag, ist im Lager verloren. Wer über das rein physisch Überleben-Wollende hinaus keinen Sinn mehr sieht, der ist im Lager verloren. Mit der Zukunft verliert er auch den geistigen Halt, lässt sich innerlich fallen und verfällt sowohl körperlich als auch seelisch. Dies geschieht zumeist sogar ziemlich plötzlich in Form einer Art Krise (...). Gewöhnlich sah das so aus, dass der betreffende Häftling eines Tages in der Baracke liegen blieb und nicht dazu zu bewegen war, sich anzukleiden, in den Waschraum zu gehen und auf den Appellplatz zu kommen. Nichts wirkte dann mehr, nichts schreckte ihn noch. Keine Bitten, keine Drohungen, keine Schläge. Alles vergeblich, er blieb einfach liegen.«[135]

Der Placebo-Effekt

Dass allein die Erwartung einer positiven Veränderung die Abwehrkräfte des Körpers in Schwung bringen kann, demonstriert besonders der Placebo-Effekt. Jeder Mensch – ob nun religiös oder nicht – ist für dieses Phänomen empfänglich. Bekannt ist es seit den Anfängen der Heilkunde: »Jahrhundertelang konnten Mediziner ihren Patienten nicht viel mehr bieten als Glaube, Hoffnung und Vertrauen – die Therapie selbst war überwiegend eine Scheinbehandlung. Die Ägypter setzten dabei vor allem auf Exkremente von Tieren und den Urin menstruierender Frauen, die Babylonier behandelten Kopfschmerz mit gekochtem Kuhdung, und die Griechen baten zum Aderlass, um die vier Körpersekrete Blut, Schleim, gelbe und schwarze Galle wieder ins richtige Gleichgewicht zu bringen. Selbst die Therapien des Hippokrates waren (...) größtenteils unwirksam und oftmals das genaue Gegenteil einer sinnvollen Behandlung.«[136]

Nur fauler Zauber

»Dass die Medizinmänner niemals Schwindler gewesen seien, wird wohl niemand behaupten, und unter ihren Berufsgeheimnissen befanden sich auch einige Kunststücke, die dazu bestimmt waren, ihre Patienten und das Publikum zum Besten zu halten. Sie wussten, dass das Täuschungsmanöver seien, glaubten aber gleichzeitig daran, dass sie eine Heilung bewirkten. Eine der verbreitetsten Behandlungsmethoden bestand darin, so zu tun, als ob man irgendetwas aus dem Körper des Kranken heraussauge. Durch einen Taschenspielertrick konnte der Arzt den Anschein erwecken, als ob er dabei eine Muschel, einen Stein oder sogar ein kleines Tier aus dem Leib des Patienten herausziehe. Das stellte er dann als Ursache des Leidens hin, und damit musste auch der Patient wieder ganz in Ordnung sein. Die Suggestionswirkung des Vorgangs liegt klar auf der Hand und muss auch in vielen Fällen Wunderwirkungen getan haben.«
(Clark Wissler: Das Leben und Sterben der Indianer. Wien 1948, S. 368f.)

Der griechische Arzt, heute noch durch den »Hippokratischen Eid« im Bewusstsein der Menschen, praktizierte damals schon so etwas wie psychosomatische Medizin. In seinen Tempel-Heilstätten, die durchaus mit unseren heutigen Kurorten vergleichbar sind, mussten sich die Patienten zuerst einer rituellen Reinigung unterziehen und anschließend ein Opfer darbringen. Dann wurden sie zur Ruhe gebettet. Wenn sie den richtigen Traum hatten, das heißt, wenn ihnen der Heilgott Asklepios im Traum erschien und den erkrankten Körperteil berührte, so waren sie geheilt. Mit dieser etwas ungewöhnlichen Methode, man vertraute ausschließlich auf die Wunderwirkung des Gottes, erzielten die griechischen Ärzte erstaunliche Heilungserfolge. Ohne die in der menschlichen Psyche einprogrammierte Selbstheilungstendenz wäre dies wohl kaum möglich gewesen.

Die Medizin entwickelte sich zwar in den nächsten Jahrhunderten weiter, aber noch »vor 200 Jahren bestand das Standardrepertoire der Ärzte fast ausschließlich aus dem (...) Dreigestirn Aderlass, Klistier und Brechmittel. Viele Patienten überlebten damals nicht wegen, sondern trotz medizinischer Behandlung. (...) Erst vor etwa hundert Jahren, mit Beginn der wissenschaftlichen Chemotherapie, begann sich die Wissenschaft vom Placebo zu emanzipieren«[137]. Viele Forscher sind allerdings der Ansicht, dass dies nie ganz gelingen wird, denn es gibt kaum eine Krankheit, bei der sich Placebo-Effekte gänzlich ausschließen lassen. In der modernen Medizin steht Placebo jedenfalls für »Scheinmedikament«, also für ein Medikament ohne nachweisbaren Wirkstoff. Trotzdem verbuchen diese Arzneimittel etwa bei Asthma, Bluthochdruck, Schmerzen, Dermatitis oder Arthritis beachtliche Erfolgsquoten. Bei psychischen Erkrankungen sind die positiven Auswirkungen noch deutlicher. Wie lässt sich dieser verblüffende Effekt, der natürlich von Patient zu Patient, von Krankheit zu Krankheit variieren kann, erklären? Man nimmt an, dass vor allem das Vertrauen in die Möglichkeiten der modernen Medizin und entsprechende Rituale des behandelnden Arztes eine wichtige Rolle spielen. Placebo-Spritzen – am besten vom Chefarzt persönlich verabreicht – wird hier die größte Wirkung zugewiesen, aber auch Farbe und Beschaffenheit der Medikamente aktivieren die Selbstheilungskräfte. Kapseln wirken besser als Tabletten, weiße Kapseln schlechter als farbige. Die Farbe Rot hilft bei Rheuma und Arthritis, Blau ist optimal für ein Beruhigungsmittel. Sogar »Scheinoperationen« können Beschwerden lindern. Der amerikanische Orthopäde Bruce Mosley operierte die Hälfte seiner Patienten mit Knieproblemen. Die andere Hälfte der Patienten bekam lediglich zwei kleine Schnitte am Knie. Sie sahen aber auf einem Monitor die Bilder einer echten Operation und waren so der festen Überzeugung, dass auch bei ihnen ein derartiger chirurgischer Eingriff vorgenommen wurde. Das überraschende Fazit dieses bemerkenswerten Experimentes: Bei beiden Gruppen war kein Unterschied in punkto Heilungserfolg zu bemerken, beide fühlten sich nach dem Eingriff fit und beschwerdefrei. Früher glaubte man, dass der Placebo-Effekt nur rein psychologischer Natur und mit naturwissenschaftlichen Methoden nicht messbar sei. Inzwischen konnte aber nachgewiesen werden, dass durch Placebos im Gehirn die Ausschüttung von körpereigenen Schmerzmitteln, den Endorphinen, angeregt wird. Placebos können aber auch helfen, wenn Endorphine keine Rolle spielen.

Warum dies so ist, bleibt vorerst ungeklärt: »Möglicherweise stimuliert schon das Bewusstsein, gegen eine Krankheit oder für die Gesundheit zu kämpfen, das Immunsystem. Auch Ängste spielen vermutlich eine Rolle: So könnte allein die Furcht vor einer Erkrankung die körpereigene Abwehr schwächen und bestehende Krankheiten verschlimmern. Sobald die Angst des Patienten gedämpft wird – und sei es eben durch ein Scheinmedikament –, tritt schon Besserung ein. (...) Geist und Psyche, Nerven- und Immunsystem arbeiten in einem komplexen Zusammenspiel Hand in Hand – das Bewusstsein bestimmt den Heilerfolg.«[138]

Bewusste Irreführung?

Edzard Ernst, Inhaber des Lehrstuhls für Komplementärmedizin an der Universität Exeter in England, bestätigt, »dass wir es bei Placebos mit einem hochinteressanten Phänomen zu tun haben. Dabei handelt es sich um einen Blumenstrauß der verschiedensten Effekte, und unser Wissen darüber hat noch nicht einmal die Oberfläche angekratzt.«[139] Warum man bei der Erforschung des Placebo-Effektes so schleppend vorankommt, vermutet Ernst vor allem wegen des Umstandes, dass sich kein Geldgeber für die Erforschung dieses Phänomens interessiert und auch die verschiedenen Ethik-Kommissionen ablehnend auf entsprechende Studienanträge reagieren. Den Grund dafür sieht der Komplementärmediziner, der sich seit mehr als zehn Jahren mit der Wirksamkeit alternativer Heilmethoden beschäftigt, in der Tatsache, dass die Patienten durch eine derartige Behandlung bewusst in die Irre geführt werden: »Die Ethiker stehen auf dem Standpunkt, dass man den Patienten immer die Wahrheit sagen muss. Wenn sie den Studienteilnehmern aber sagen, dass sie gerade ein Placebo nehmen, so zerstören sie damit alle Effekte.«[140]

Schamanen in Weiß

Im Schamanismus, der Urform jeder Medizin, wird die Heilkraft durch vielfältige magische Rituale und die Erfahrung, dass auf diese Weise schon viele Kranke gesund wurden, verstärkt. Der Schamane ist ein anerkanntes Mitglied einer elitären Kaste und versucht seine Patienten mit spektakulärem Auftritt mit bedeutungsvollen Handlungen zu beeindrucken. Zur Verstärkung dieses Effekts dienen noch zusätzlich magische Gegenstände und manchmal auch eine aufwändige Kostümierung.

Der traditionelle Heiler aus dem brasilianischen Regenwald oder der sibirischen Steppe steht mit dieser Art der Berufsausübung einem westlich orientierten Mediziner viel näher, als es auf den ersten Blick erscheinen mag. Auch die Ärzte in unseren Breiten vertrauen oft auf die Symbolkraft entsprechender Rituale und Statussymbole, um damit Autorität und Kompetenz zu signalisieren. Zur »Standardausrüstung« gehört der weiße Kittel, als dekorativer »Körperschmuck« dient das Stethoskop, die Behandlungsräume sind blitzsauber und meist ausgestattet mit kompliziert wirkenden, bunt blinkenden High-Tech-Geräten. Sie sind jene magischen Gegenstände, die für den Laien auf fast wundersame Weise einen Blick in den Körper ermöglichen. Das so genannte »ärztliche Gespräch«, bei dem üblicherweise Diagnose, Therapie und Heilungschancen abgeklärt werden, erinnert in vieler Hinsicht an schamanische Riten. Sowohl im Zelt des Schamanen als auch in der Praxis des modernen Arztes wird viel mit Gesten, getragener Stimme, betont ernsthaftem Vokabular und natürlich auch mit den Mitteln der positiven Suggestion – vor allem was die Chancen einer möglichen Linderung oder Beseitigung der Beschwerden betrifft – gearbeitet.

Handlungen geschehen –
aber es gibt keinen Handelnden.
(Buddha)

7. DIE DRACHENFRAU

Ist von Schamanen die Rede, taucht bei vielen Menschen sofort das Bild von seltsam anmutenden Frauen und Männern auf, die, Furcht einflößend gekleidet und ausgestattet mit höchst merkwürdigen Gerätschaften, mit überirdischen Mächten kommunizieren. Doch nicht alle Schamanen entsprechen dieser tradierten Sichtweise. Dies beweist eine junge, attraktive Niederösterreicherin, die in der geistigen Welt unter ihrem Schamanennamen »Drachenfrau« bekannt ist. Katharina Linhart, bis vor kurzer Zeit als Flugbegleiterin für eine heimische Fluglinie tätig, ist nun als Energethikerin (sic!), Kinesiologin und zertifizierte Core-Schamanin Anlaufstelle für Menschen in spirituellen Nöten. Begleitet vom Ton der Trommel und der Kraft der Rassel widmet sie sich vielfältigen schamanistischen Ritualen wie Grundstücks- und Häuserreinigungen, Aufspüren und Hereinholen von Krafttieren, Seelenanteilsrückholung, Wutarbeit, Beseitigung von Besetzungen, Tauf-, Hochzeits- und Begräbniszeremonien, energetischer Stärkung und vielem mehr. Im Gespräch erläutert Katharina Linhart ihre Weltsicht und gewährt Einblicke in die Praxis einer Schamanin.

Was bedeutet für Sie Schamanismus?

Obwohl in Europa lange in Vergessenheit geraten, hat für mich der Schamanismus auch bei uns nie wirklich aufgehört zu existieren. Er ist weder an religiöse Vorstellungen gebunden, noch handelt es sich dabei um eine Religion. Dieses Jahrtausende alte Heilungssystem gehört zum kulturellen Erbe der Menschheit. In unseren Breiten wurde es vor allem von den Kelten und ihren Druiden praktiziert. Der Schamanismus ist für mich eine psychische Technik des Kontaktes mit der so genannten »nichtalltäglichen Wirklichkeit«, um auf diese Weise einen Dienst an der Gemeinschaft oder am Einzelnen zu verrichten: Diagnose, Heilung oder Botschaft. Schamanismus ist nichts anderes als ein Werkzeug für den spirituell Suchenden, wie beispielsweise Hammer, Zange oder Säge für den Handwerker. Schamanisches Heilen wirkt auf die tiefsten Schichten eines Menschen und hinterlässt dort solch einen nachhaltigen Eindruck, dass regionale oder kulturelle Unterschiede eigentlich ohne Belang sind.

Wie stehen Sie zur westlichen Schulmedizin?

Viele Vertreter der Schulmedizin betrachten das Wiedererstarken spirituell orientierter Heilmethoden weiterhin mit großem Argwohn und haben nicht zuletzt wegen dieser starren Haltung viel an Vertrauen und Glaubwürdigkeit bei den Patienten verloren. Im Sinne ganzheitlich denkender Medizin wäre es deshalb wünschenswert, wenn beide Richtungen miteinander kommunizieren und im günstigsten Fall auch in manchen Bereichen zusammenarbeiten. Viele Dinge im Schamanismus lassen sich nicht mit Worten erklären, man muss sie selbst erfahren und erspüren. Die wichtigste Botschaft ist jedenfalls, für alles offen zu sein und sich nicht zu fürchten. Man muss sich nur immer wieder vor Augen führen, dass es sich hier um ein Wissen handelt, das bereits unsere Vorfahren in sich getragen und über die Generationen weitergegeben haben. Durch die Folgen der Industrialisierung, durch Wirtschafts-, Geld- und Machtdenken und die damit verbundenen Umwälzungen in der Gesellschaft wurde es nur überlagert und verdrängt. Aber jeder von uns trägt diese Erinnerung in sich, man muss sie nur mit Hilfe schamanischer Techniken wiederbeleben. In anderen Weltregionen, wie etwa in Südamerika oder im asiatischen Raum, sind diese Traditionen noch höchst lebendig. Schamanen aus diesen Ländern, die bei uns zu Besuch weilen, sind oft sehr erstaunt darüber, dass eine große Zahl von Menschen hier den Kontakt zu Krafttieren, Geistwesen oder schlichtweg zur Natur an sich verloren haben. Sie sind meist sehr verwundert, dass wir trotz dieser offensichtlichen spirituellen Defizite überhaupt überleben können. Trotz dieser Überlegungen darf natürlich die moderne Schulmedizin nicht verteufelt werden. Sie hat unglaublich viele gute Seiten, etwa in punkto Notfall- oder Transplantationsmedizin, und ich lege daher meinen Klienten stets nahe, sich mit ihren physischen oder psychischen Beschwerden auch an Ärzte bzw. Psychotherapeuten zu wenden. Ich pflege hier intensive Kooperationen und sehe meine Arbeit selbstverständlich nur als Unterstützung und Ergänzung zu den anerkannten Methoden.

Was ist das Besondere am Core-Schamanismus?

Core-Schamanismus heißt nichts anderes als Kern-Schamanismus. Er wurde vom amerikanischen Anthropologen Michael Harner entwickelt und darin sind eben jene Techniken enthalten, die von allen Kulturen angewandt werden und die heute in den meisten schamanischen Zirkeln Verwendung finden. Praktisch alle Schamanen auf der Welt setzen im Prinzip gleichartige Techniken ein, selbst wenn sich ihre Rituale oft stark voneinander unterscheiden. Man sollte jedoch stets den eigenen kulturellen Hintergrund mit einbeziehen. Kulte und Rituale fremder Kulturen üben auf westlich geprägte Menschen oft eine große Faszination aus. Zum Problem kann es aber werden, wenn man meint, es sei damit getan, diese einfach zu übernehmen. Für Harner ist die Arbeit des Schamanen praktisch und nicht geheimnisvoll. Was voller Geheimnisse ist, ist laut seiner Ansicht nur unsere Unfähigkeit, genau das ernst zu nehmen.

Welche Rolle spielt die Person des Schamanen?

Ein Schamane ist einer, der in der Dunkelheit sieht. Für mich bedeutet dies auch, dass er in das Herz jedes Einzelnen hineinschauen kann. Schamanen sind alles und nichts in einer Person. Sie sind in erster Linie Vermittler, Berater und Heiler. Daneben können sie aber auch Gaukler, Spaßmacher, Narren und der Tod in Person sein. Ihre Arbeit kann mit der eines Heilpraktikers verglichen werden. Sie kennen Heilkräuter und deren Anwendung, verfügen über Wissen auf dem Gebiet der Homöopathie, können massieren, Reflexzonen bearbeiten, jemanden in einen Trancezustand versetzen, arbeiten mit Chakren und Meridianen und wenden Techniken aus den unterschiedlichsten energetischen Richtungen, wie beispielsweise der Kinesiologie, an.

Dank dieser vielfältigen Eigenschaften können sie viele Menschen erreichen und in allen Lebensbereichen unterstützen. Die wichtigste Maxime ist hier: Jeder wird dort abgeholt, wo er steht, niemand wird in ein enges Korsett eingezwängt oder manipuliert. Erst diese Akzeptanz macht einen Heilerfolg möglich. Der Schamane spielt hier stets eine Vermittlerrolle zwischen den Welten, er beschreibt das Problem, dringt zur Ursache vor und zeigt Wege aus der Krise. Er drängt sich dabei aber nicht in den Vordergrund. Was geschieht, das bestimmt immer der Klient, er und niemand anderer ist in der Lage, eine Heilung zu bewirken.

Ein möglicher Weg aus der Krise ist die schamanische Reise. Was ist darunter zu verstehen?

Die schamanische Reise ist nichts anderes als eine Phantasiereise in einen anderen Bewusstseinszustand. Schamanisch Reisen ist für Michael Harner, Begründer des Core-Schamanismus, wie Träumen, wobei der Reisende sich selbst aber vollkommen wach fühlt und sich an alles Gesehene deutlich erinnert. Man kann gemeinsam mit einem Schamanen reisen oder mit einiger Übung auch alleine. Man benötigt dazu keine Drogen oder andere Narkosemittel, sondern gelangt ausschließlich mittels Visualisierung und unterstützt von entsprechenden Atemübungen in einen Trancezustand. Wesentlich ist das richtige Atmen, denn nur so können wir in unsere Mitte gelangen und von hier aus agieren. Es versetzt uns in die Lage, Bilder zu sehen und sich wieder auf sich selbst zu besinnen. Eine wichtige Rolle spielt die Trommel als Reisegefährt des Schamanen. Der Trommelschlag wirkt sehr beruhigend auf den Menschen, er erinnert an den Herzschlag im Uterus und zugleich an den Herzschlag von Mutter Erde. Wenn der Herzschlag von Mutter Erde in Kontakt mit unserem inneren Taktschlag tritt, können wird diese 3D-Welt, die so genannte Realität, verlassen und auf eine andere Ebene reisen. Diese andere Ebene teilt sich dann in drei Welten auf, in die Unter-, Mittel- und Oberwelt. Die Mittelwelt teilt sich in die alltägliche bzw. die nichtalltägliche Wirklichkeit. Jede dieser Welten hat ein unterschiedliches Zugangsbild und liefert unterschiedliche Informationen für den Schamanen. Der Eintritt erfolgt über einen Tunnel. Der Zugang zu diesem Tunnel kann beispielsweise über ein Erdloch, einen Adlerhorst oder sogar über eine Pfütze erreicht

Heimkehr der Seele

»Die Medizinmänner des Jah-Het-Stammes in Zentralmalaysia werden Poyang genannt. Deren Medizin basiert auf einem harmonischen System aus Natur, Umwelt, Kosmos, Universum, Geisterwelt und Gott, in das die in Gut und Böse gespaltene menschliche Seele integriert ist. Der Poyang nimmt eine Mittlerrolle zwischen den Geistern und dem Kranken ein und hat die Fähigkeit, durch eine exorzistische Zeremonie die verloren gegangene Seele des Kranken wieder einzusetzen. Dazu wird die Zeremonie durch rhythmische Gesänge und Melodien, welche auf Bambusstäben geschlagen werden, unterstützt. Der Ablauf besteht aus der Lokalisation der Geister und deren Extraktion durch magische Palmblätterbündel, Holzfiguren und Reisbälle zur Stärkung der Seele. Um die bösen Geister abzuwehren, werden eine Art Weihrauch, gesegneter Speichel des Priesters, vier Schutzgeisterfiguren und die rituellen Gesänge verwendet. Hat die Seele wieder den richtigen Platz in dem Patienten eingenommen, stärkt der Medizinmann dies mit Hilfe guter Geister und magischer Handlungen. Zuletzt wird nach der Heilung die gesamte Gemeinschaft gesegnet und damit die seelische Gesundheit aller gestärkt.«
(Leo Auerbach et al.: Krebs und Komplementärmedizin. Wien usw. 2002, S. 75)

werden. Schon das Aussehen des Tunnels lässt viele Rückschlüsse auf die Befindlichkeit des Klienten zu. Ein krasses Beispiel: Wenn jemand etwa Drogen genommen hat, trifft der Schamane in diesem Tunnelsystem oft auf Furcht erregende Wesen, alles ist voll mit Schlingpflanzen, Geröll und Steinen. Befindet sich dagegen der Betroffene in einem spirituellen Gleichgewicht, sind die Wände des Tunnels glatt, alles ist lichtdurchflutet und harmonisch. Der Weg des Schamanen führt nun zu einem so genannten Kraft- oder Ritualplatz, wo er denjenigen findet, für den diese Reise eigentlich gemacht wird. Sitzt der Klient beispielsweise entspannt auf einer Wiese, so geht es ihm gut. Ist er dagegen an einem Baum angebunden und somit nicht Herr der eigenen Sinne und des eigenen Körpers, so liegt offensichtlich eine Besetzung vor. Ja, dann gibt es dort noch die alte Frau als Verkörperung der Erdgöttin. Sie steht für die Kraft der Mutter Erde und ist diejenige, die Zerstückelung macht und den gereinigten, geläuterten Körper wieder zusammenfügt. Diese Zerstückelung ist nichts anderes als der Initiationstod des Schamanen. Erst wenn er dieses Ritual überstanden hat, besitzt er quasi die Berechtigung, um weitergehen zu dürfen.

Den eigenen Tod zu sterben klingt nach einer gewaltigen Grenzerfahrung. Wie haben Sie persönlich diesen Prozess erlebt?

Dieses Heraustreten aus dem eigenen Körper war für mich eine beeindruckende Erfahrung und gleichzeitig ein überaus befreiendes Erlebnis. Ich hatte die Möglichkeit, dorthin zurückzureisen, wo ich eigentlich herkam. Ich war in diesem Zustand und an diesem Ort derart gelöst, dass ich gar nicht mehr zurückwollte. Meine damalige schamanische Führerin musste mich mehrmals rufen, bis ich mich mit Hilfe eines Tones selbst wieder in diese Welt gebar.

Wenn man zu sehr in diese fremde Welt abdriftet, kann die Reise auch bedrohlich sein. Welche Maßnahmen schützen?

Ich achte stets darauf, dass Klienten oder Schüler gut mit Mutter Erde verankert sind. So ist man immer fest mit der »anfassbaren Wirklichkeit« verbunden und der Schamane kann den Klienten im Notfall jederzeit zurückholen. Zu diesem Zweck mache ich vor jeder Reise Erdungsübungen und Visualisierungsübungen mit einem Band/Wurzeln, die in die Erde reichen, oder Ähnlichem und überzeuge mich gewissenhaft davon, dass dieser Kontakt auch physisch zu spüren ist. Zieht während der Reise dieses imaginäre Band, ist es hoch an der Zeit, um zurückzugehen. Diese Regeln vermittle ich auch meinen Schülern. Natürlich kann man bereits im Vorfeld mögliche Gefahren abschätzen. Wenn jemand das erste Mal zu mir kommt, mache ich ein Scanning um zu schauen, ob Besetzungen vorhanden sind, und versuche dann, ein Vertrauensverhältnis aufzubauen. So kann ich die persönlichen Bedürfnisse, aber auch die Grenzen meines Gegenübers ausloten. Wird die Reise gemeinsam mit einem Schamanen unternommen, ist der Klient gut geschützt und kann sich nicht verlieren. Wir liegen nebeneinander am Boden, nehmen uns bei der Hand und berühren uns an Schultern und Füßen. Ich liege auf der linken Seite des Klienten, da dies seine empfänglichere Seite ist und ich so leichter in ihn eintauchen und besser seine derzeitige Verfassung beurteilen kann. Ich mache die Reise für meinen Klienten, er kann normalerweise nicht sehen, was ich sehe, und sollte sich eigentlich nur ausgiebig entspannen. Anschließend besprechen wir meine Erfahrungen und beraten die weitere Vorgangsweise. Will jemand selbst eine Reise machen, empfehle ich als ungefährlichen Einstieg in den Schamanismus die Krafttiersuche. Diese Krafttiere, auch *spirits* genannt, sind Geistwesen, die die Seele des Menschen begleiten, schützen, führen und heilen. Sie bilden die innere Stimme, die reine Intuition und wir können mit ihrer Hilfe erkennen, was falsch in unserem Leben läuft und wie man Krankheiten lindern kann. Hat der Klient sein persönliches Krafttier gefunden, gibt dies Sicherheit und Zuversicht bei der Reise. Man kann mit ihm kommunizieren und erhält meist praktische Ratschläge. Man kann mehrere weibliche oder männliche Krafttiere besitzen, quasi für jede Lebensphase ein eigenes. Menschen mit christlichem Hintergrund setzen diese Krafttiere übrigens gerne mit Schutzengeln gleich.

Welche Gestalt haben diese Krafttiere?

Klassische Krafttiere sind Adler, Bär oder Wolf. Wirkungsvolle Hüter können aber auch Spinnen, Reptilien oder Schmetterlinge sein. Eine Klientin von mir hatte beispielsweise einen Regenwurm als persönliches Krafttier. Ob klein oder gewaltig, Krafttiere üben manchmal eine lebensrettende Funktion aus. Dies illustriert eine bemerkenswerte Geschichte: Eine Dame, die an Brustkrebs erkrankt war, kam zu mir, um sich vor einem medizinischen Eingriff mental vorzubereiten und dem Körper zusätzliche Energien zuzuführen. Ich schlug dazu eine Krafttier-Reise vor und fragte sie nach ihrer Rückkehr, welches Tier sie vorgefunden habe. Sie sagte, sie hätte einen Maulwurf gesehen. Da mir bereits der Grund ihres Kommens bekannt war, war der Ausgang dieser Reise letztendlich nur eine Bestätigung der vorherrschenden Thematik und eine Analyse. Sie erzählte mir, dass sie dieses Krafttier bereits kenne: »Drei Monate lang wohnte er in meinem Garten und grub Hügel um Hügel. Ich habe die Erdhaufen immer wieder zugeschüttet, aber er ließ sich nicht vertreiben. Von einem Tag auf den anderen war er plötzlich weg, kurz darauf erhielt ich den Befund über meine Erkrankung.« Ich fragte sie, ob sie wisse, warum der Maulwurf nun wieder da sei und welche Botschaft er vermitteln wolle. Sie antwortete ja, er stehe für den Satz: Achte auf Deine Gesundheit! Drücke nicht das, was Du immer wieder nach unten gedrückt hast, länger nach unten! Bringe es hinaus, wirf es weg, spucke es aus und schau es Dir an! Sie hat das drei Monate lang negiert, dann kam die Diagnose und in dem Moment verschwand der Maulwurf. Dies ist ein sehr schönes Beispiel, auf welche Weise ein Krafttier helfen kann und dass es die ganze Zeit über deutliche Hinweise gibt. Man muss nur die Zeichen erkennen, schauen, fühlen und spüren, was rund um mich ist; was nehme ich wahr und was nicht.

Und Ihr persönliches Krafttier?

Ich habe eine ganze Menge, beinahe schon einen Zoo! Mein Hauptkrafttier ist eine Kobra, kurz danach kommt schon der Wolf. Mit den beiden arbeite ich sehr stark zusammen. Immer wieder kommt auch der Elefant. Er steht für Größe, Stärke und Selbstvertrauen. Zusätzlich unterstützen mich die Krähe, der Fuchs und nicht zuletzt auch die Spinne. Sie ist die Weberin der Zeit und steht für Weiblichkeit.

Nach der Unterwelt reist der Schamane in die Mittel- bzw. die Oberwelt. Was ist dort zu erleben?

In der Mittelwelt befindet sich ein Lagerfeuer. Man trifft hier die Ahnen oder Sub-Persönlichkeiten. Im besten Fall sollten es 21 sein. 21 ist die Zahl der Schamanen. Alles, was man 21 Tage lang macht, verfestigt sich auch. Die meisten Menschen besitzen 13 bis 17 Persönlichkeitsanteile. Das ist normal und noch nicht bedenklich. Sind nur mehr 2 oder 3 vorhanden, sollte schnellstens etwas getan werden. In diesem Fall ist meistens eine Besetzung im Spiel oder Belastungen am Arbeitsplatz und in der Familie. Die Mittelwelt ist jener Bereich, in dem Lösungen angeboten werden, in der Oberwelt erscheinen die schamanischen Führer und die geistigen Kräfte. Sie ist das Zentrum der Weisheit und Inspiration.

Welche äußeren Bedingungen sind Voraussetzung für eine erfolgreiche Trancereise?

Das Allerwichtigste ist die Entspannung. Ich kann keine Trancereise machen, wenn ich auf 180 bin. Für die Reise benötige ich keine Drogen, sondern vertraue auf pure Atemtechnik, ohne dabei aber zu hyperventilieren. Es geht nur darum, aus dem flachen Atmen in das Bauchatmen hinein zu gehen. So fließt der Atem durch den ganzen Körper, meine Energiezentren werden geöffnet und ich bin dadurch ein besserer Kanal. Ein weiterer Punkt ist das richtige Sitzen und Liegen. Es erleichtert den Zugang, wenn man gerade auf einem Sessel oder Hocker sitzt, oder entspannt auf dem Boden liegt, ohne das Kinn einzuzwicken. Der Körper muss so ausgerichtet sein, dass der Atem ungehindert durch den ganzen Organismus fließen kann.

Welche Gefühle hat man dabei?

In der Trance hebt man sich und zugleich fällt man. Man fällt aber nicht in einen Abgrund, wie wir es in Träumen erleben, sondern man fällt in sich hinein. Das ist eine Doppelbewegung, man liegt da, hat aber gleichzeitig das Gefühl, man schaut von oben auf sich herab, und zugleich ist man ganz in seiner Mitte.

Was ist Ihr liebstes Ritual?

Der für mich schönste Aspekt einer schamanischen Reise ist die Seelenanteilsrückholung. Unter Seelenverlust ist eine spirituelle Krankheit zu verstehen, die seelisches und körperliches Leiden auslöst. Verursacht wird sie durch traumatische Erlebnisse wie Inzest, Missbrauch, Verlust eines geliebten Menschen, Stress, Sucht oder chirurgische Eingriffe. Ein Koma ist hier das extremste Beispiel für Seelenverlust. Wenn wir aufgrund negativer Erlebnisse traumatisiert werden, spaltet sich ein Teil von unserer

Lebensessenz ab, damit wir überleben können. Dieser Teil von uns geht weg, um nicht den vollen Schmerz eines schrecklichen Erlebnisses abzubekommen. Zurück bleibt bei vielen Menschen ein Gefühl der Unvollkommenheit und Schwäche, das meist nur durch Drogen, Unterhaltungssucht oder zwanghaften Sex zugedeckt werden kann. Hilfe bietet hier eine schamanische Reise, bei der der abgespaltene oder verloren gegangene Teil gesucht und über das Herzenergiezentrum und den Atem wieder zu seinem ursprünglichen Besitzer zurückgebracht wird. Krafttiere unterstützen diesen Prozess.

Worum geht es bei der Ahnensprechzeremonie und wie kann die Seele eines Toten ins Licht geführt werden?

Bei der Ahnensprechzeremonie begibt sich der Schamane im Trancezustand auf einen Hügel und blickt hinab. Rechts unter ihm befinden sich alle Frauen und links alle Männer der Ahnenreihe. Aufgabe des Schamanen ist es nun, herauszufinden, welcher rote Faden alle diese Männer und Frauen der Ahnenreihe miteinander verbindet und ob auch der Klient daran hängt. Zeigt sich tatsächlich ein belastendes Band, gilt es dieses aufzulösen und die Seelen in Frieden gehen zu lassen. Im Schamanismus ist man auch der Auffassung, dass innerhalb der ersten Tage nach dem Tod noch eine Kommunikation mit den Toten möglich ist. Im Rahmen einer nachtotlichen Begleitung werden alle Dinge, die zu Lebzeiten nicht gelöst werden konnten, besprochen und geklärt. Sind diese Hindernisse beseitigt, begleitet der Schamane die Seele ins Licht.

Als besonders heftiger Prozess wird das schamanische Bänderschneiden bezeichnet. Worum geht es dabei?

Das Bänderschneiden ist ein sehr massiver Eingriff, eine imaginäre Operation in der Aura, die für den Klienten auch körperlich anstrengend ist. Noch drei Tage danach fühlt man sich ziemlich schwach. Bevor man ans Werk geht, muss man sich der Zustimmung aller schamanischen Führer bzw. Krafttiere in Ober-, Mittel- und Unterwelt versichern. Zwischen Entscheidung und Durchführung müssen mindestens 24 Stunden vergehen. Hintergrund ist, dass die belastende Beziehung, die durch dieses Bänderschneiden radikal getrennt werden soll, auf Dauer getrennt bleibt. Als Schamane arbeitet man hier doppelt: Einerseits kümmert man sich um den Klienten, andererseits auch um denjenigen, der abgetrennt werden soll. Bildlich gesprochen sieht das so aus: Da ist eine Schnur, an welcher der andere hängt. Ich durchschneide diese Schnur und lasse die störende Person verschwinden, allerdings ohne sie dabei zu schädigen. Um ihren Abgang zu erleichtern, stabilisiere ich sie nämlich gleichzeitig. Meinen Klienten fordere ich dann auf, alles Negative, aber auch alles Positive, was ihn mit diesem Menschen verbindet, zu sagen und in einen Weidenkorb hineinzuatmen. Dieser Korb wird während des Rituals über dem Nabel gehalten. Der Nabel bildet den Austrittspunkt, hier befindet sich auch diese imaginäre Nabelschnur. Dann frage ich, ob ich diese Beziehung trennen darf. Wird zugestimmt, durchtrenne ich die Schnur und lege meine Hand auf den Nabel. Der Weidenkorb wird anschließend an die frische Luft gebracht, damit alles Negative hinausströmen kann. Symbolisch ist im Bereich der »Operation«, also am Nabel, jetzt eine offene Wunde. Sie muss entsprechend versorgt werden. Dazu werden Drachenblut (rotes Harz), Mehl, ein wenig Wasser und als Schutzstein ein grüner Türkis in den Nabel gegeben. Drachenblut steht für die Kraft von Mutter Erde, das Mehl für Schöpferkraft und das Wasser symbolisiert die Lebenskraft. Das Ganze wird dann mit einem Doppelpflaster sowie einem imaginären hellblauen Pölsterchen versiegelt. Hellblau oder hellgrün sind klassische Heilfarben. Zum Abschluss wird der Patient noch abgerasselt, mit Salbei gereinigt und mit Adlerfedern ausgestrichen. Damit die Heilung wirklich erfolgreich verläuft, sollte der grüne Türkis mindestens sieben Tage und im besten Fall 21 Tage im Nabel verbleiben.

Sind Sie gläubig?

Ich bezeichne mich selbst als gläubig, aber in dem Sinn, dass ich mit der Natur und den Wesenheiten im Einklang arbeite und mit dem großen Ganzen keiner Religion zugehörig fühle. Es ist ganz wichtig im Schamanismus, den Glauben an das eigene göttliche Selbst wieder herzustellen, denn jeder von uns trägt einen göttlichen Funken in sich. Ich bringe dann immer das Bild von vielen Kerzen, wo es wichtig ist, dass jeder diesen göttlichen Funken in sich zum Glühen bringt. Je mehr Menschen das tun, desto mehr Licht scheint auf dieser Welt und desto weniger Macht hat das Dunkle. Glaube ist auch wichtig, weil der Schamanismus die Möglichkeit bietet, Führung abgeben zu dürfen, und man darauf vertrauen kann, dass da jemand ist, der einem nur Gutes tun möchte, der einen auffängt und hält, der Liebe, Zärtlichkeit und Geborgenheit schenkt. Ob ich das nun als Geistführer, Krafttier, Engel, Meister oder Gott bezeichne, ist dabei nicht entscheidend. Das Wichtigste ist der Kontakt mit diesen Geistwesen. Das stärkt das Vertrauen in die eigene Kraft, aber auch an die Welt an sich.

Welche Rolle spielt das Böse?

Im Schamanismus geht es vor allem um Annahme, nicht aber um Verweigerung. Man muss deshalb auch die Existenz des Bösen anerkennen. Würden wir dieses Negative in der Welt nicht kennen, könnten wir auch das Licht nicht sehen, würden wir nicht erkennen, was es heißt, im Licht zu sein. Wir brauchen diesen Gegenpol, um unser Gleichgewicht zu finden. Ein Schamane fragt nie, ob etwas richtig oder falsch ist, er nimmt die Tatsachen so hin, wie sie sind. Es ist, wie es ist.

Harmonie, Geborgenheit und das Gefühl, Teil einer Gemeinschaft zu sein, vermittelt das Medizinrad. Wie funktioniert diese Heilmethode?

Allgemein werden Medizinräder als kreisförmige Steinsetzungen in der freien Natur bezeichnet. In derartigen Schutzkreisen können in der Gruppe die Kräfte der Himmelsrichtungen angerufen und genutzt werden. Die Steine schützen vor negativen Energien von außen und hier ist es mit Hilfe verschiedener Rituale und Kraftlieder möglich, gemeinsam mit Gleichgesinnten schamanische Bewusstseinszustände zu erleben, sein Krafttier zu finden und in die eigene, tief innewohnende Kraft zu gelangen.

Welches Ziel verfolgen Sie mit Ihrer Arbeit?

Mein Hauptbestreben ist es, bei meinen Klienten Ressourcen aufzumachen, die die ganze Zeit geschlummert haben. Ich bringe Dinge ins Bewusstsein, die einer Klärung bedürfen, und aktiviere so die Selbstheilungsmechanismen. Die Seele zeigt nur das auf, was sie auch bearbeiten kann. Ich sage immer am Anfang: All das, was du jetzt spürst, zeigst und sagst, ist das, was die Seele in diesem Moment verarbeiten kann und nie mehr.

Zum Abschluss: Wie schützt man sich wirksam vor Scharlatanen?

Bei der Auswahl des Schamanen sollte man sich sein Gegenüber genau ansehen und dabei auf die eigene Intuition, den eigenen Bauch achten. Entscheidend ist stets die Frage: Fühle ich mich bei diesem Menschen geborgen oder bin ich ihm ausgeliefert? Dabei ist es nicht wesentlich, ob diese Person alt und mit weißem Haar versehen ist. Denken Sie an die Kinder – sie sind unsere größten Lehrer! Das Wichtigste ist die Authentizität: Kann diese Person in ihrem Sein und Gehabe, in ihrem Tun und in ihren

Aussagen klar vermitteln, was das zu lernende Thema ist, bzw. sich zwischen den Welten bewegen und trotzdem nicht den Boden unter den Füßen verlieren? Hilfreich ist auch, wenn man z. B. die Homepage des Anbieters näher in Augenschein nimmt. Die Art der Gestaltung, die biographischen Details und natürlich das Angebot verraten viel über Persönlichkeit und Seriosität des Betreffenden.

Wo die Sprache aufhört,
fängt die Musik an.
(E. T. A. Hoffmann)

8. MEISTER DER TROMMEL

Musik löst vieles in uns aus: Sie macht beschwingt und fröhlich, wirkt entspannend oder erinnert an erfreuliche Ereignisse aus der Vergangenheit. Dass manche Melodien als besonders angenehm empfunden werden, hängt aber nicht vom Musikstil ab, sondern hat mit der Struktur des menschlichen Gehirns zu tun. Ein ansprechendes Musikstück aktiviert nämlich dieselben Belohnungszentren wie schmackhaftes Essen oder Sex. Klänge und Rhythmen steigern das Wohlbefinden und helfen damit bei der Bewältigung von körperlichen und seelischen Störungen. Dieser positive Effekt war schon in der Antike bekannt. David spielte auf der Harfe, um Saul zu heilen, und Galen, Leibarzt der römischen Kaiser Marc Aurel, Commodus und Septimus Severus, setzte Musik gegen bestimmte Krankheiten ein.

In der Welt der Schamanen haben Musik und Tanz eine wesentliche Funktion. Die Schamanentrommel gilt dabei als Sitz der hilfreichen Geister, die aus ihr und durch den Schamanen sprechen. Der so besessene Schamane soll die kosmische Ordnung wiederherstellen; dies bedeutet Kranke zu heilen, Unheil abzuwehren, Tote zu geleiten und Prognosen für Vorhaben abzugeben. Oft wird die imaginäre Reise des Schamanen durch ekstatischen Tanz eingeleitet, durch eine Verbindung rhythmischer Reize mit heftiger Atmung und Hyperventilation. Man hat diese Rhythmen und Klangmuster mit den jambischen Versmaßen verglichen, die im alten Griechenland für so mächtig gehalten wurden, dass sie nur in Gegenwart eines Priesters laut werden durften. Berühmt ist

in diesem Zusammenhang der ekstatische Tanz der islamischen Mystiker, der Sufis und Derwische.
Zur tieferen Bedeutung der Musik meint Hermann Hesse im »Glasperlenspiel«: »Gleich dem Tanz (...) ist die Musik in vorgeschichtlichen Zeiten ein Zaubermittel gewesen, eines der alten und legitimen Mittel der Magie. Beginnend mit dem Rhythmus (Händeklatschen, Aufstampfen, Hölzerschlagen, früheste Trommelkunst) war sie ein kräftiges und erprobtes Mittel, eine Mehrzahl und Vielzahl von Menschen gleich zu ›stimmen‹, ihren Atem, Herzschlag und Gemütszustand in gleichen Takt zu bringen, die Menschen zur Anrufung und Beschwörung der ewigen Mächte, zum Tanz, zum Wettkampf, zum Kriegszug, zur heiligen Handlung zu ermutigen.«

Takt des Herzens

Welche Mechanismen durch Musik im Körper in Gang gesetzt werden, ist noch nicht vollständig geklärt. Vermutet wird aber, dass der Herzschlag mit dem Takt der Musik harmonisiert wird und sich dies auf den Organismus außerordentlich beruhigend auswirkt. Hubert Maria Siman, Musikpädagoge und Rhythmustherapeut, sieht die Ursache für die positiven Effekte in der besonderen Wechselwirkung zwischen Musik und menschlichem Organismus: »Musik besteht aus einer Vielzahl von Schwingungen, die mit Instrumenten erzeugt und uns mit Hilfe der Luft erreichen und von Ohr, Haut und Knochen aufgenommen werden. Die musikalischen Reize beeinflussen dabei direkt die Schwingungen in unserem Körper.« Das Resultat: der Blutdruck sinkt, die Verdauung wird angekurbelt, Depressionen und Ängste werden gemildert, Gedächtnisleistung und Selbstwertgefühl steigen wieder. Um diese Effekte genießen zu können, ist keine musikalische Vorbildung erforderlich. »Man muss kein Musikinstrument beherrschen, um spielerisch mit Klängen und Rhythmen oder auch mit der eigenen Stimme experimentieren zu können«, erklärt Siman.

Der diplomierte Schlagzeuger und sein Team widmen sich im Zimt-Zentrum für Individualmusik & Therapie in Baden (Niederösterreich) der Arbeit mit verschiedenen Schlaginstrumenten, wobei vor allem die Trommel im Vordergrund steht. Die Trommel erzeugt Vibrationen, die den körpereigenen Schwingungen sehr ähnlich sind. »Mit Hilfe der Trommel können wir wieder zu unserem ureigenen Rhythmus zurückfinden, die eigene Kreativität entdecken und einem persönlichen musikalischen Ausdruck gelangen«, sagt Siman. Weiterer Vorteil: Das Trommelspiel ist leicht zu erlernen, das stärkt Motivation und Selbstvertrauen und macht den Beteiligten außerdem sehr viel Spaß. Innerhalb kurzer Zeit ist auch das gemeinsame Musizieren in einer Gruppe möglich. Trommeln schult zudem das Hörvermögen, was seinerseits wiederum das gesamte Gehirn in Schwung bringt. »Wer aus gesundheitlichen Gründen nicht selbst aktiv werden kann oder will, wird im Rahmen der Therapie betrommelt. Wir haben beobachtet, dass regelmäßiges Betrommeln bei geistig und körperlich behinderten Menschen eine Zellen- und Nervenaktivierung hervorruft. Sie nehmen ihre Umgebung wieder besser wahr und können im günstigsten Fall sogar ihre Gliedmaßen wieder selbst bewegen und steuern.«

Therapeut & Trommler

Der Rhythmustherapeut lernte auch die von Schamanen geprägte Verwendungsweise dieses Instrumentes kennen: »Als studierter Berufsschlagzeuger glaubte ich eigentlich alles über die Trommel und den Rhythmus zu wissen. Dass Trommeln mehr sein kann als »richtig« zu spielen um die Menschen zu unterhalten, wurde mir klar, als ich anfing, mit Menschen mit besonderen Bedürfnissen Musik zu machen. Durch sie begann ich die Trommel zu ›spüren‹, in anderen Dimensionen wahrzunehmen und so eine neue Welt des Rhythmus zu entdecken. Ich begann an vorher Unglaubliches zu glauben und grenzenloses Vertrauen zu mir selbst zu entwickeln. Trance und Körperreaktionen in Verbindung mit

Trommeln, Lärm und Kreativität – all dies waren Erfahrungen in diese Richtung. Angeregt durch den deutschen Musikpublizisten Joachim Ernst Berendt gelangte ich über das tiefere Erfahren und Verstehen des Hörens zu einer erhöhten Körperwahrnehmung.« Zu erleben, wie sich das Bewusstsein verändert und wie viele Spielarten es in dieser tiefen Wahrnehmung von Trance, Meditation, Hypnose und schamanischem Denken und Tun gibt, waren weitere wichtige Schritte in Simans Entwicklung. Geprägt wurde er auch durch eine Ausstellung über den Schamanismus. Siman erfuhr dabei – ein kleiner Wink des Schicksals –, dass der Name »Siman« bzw. »Schiman«, wie sich sein Großvater noch schrieb, ursprünglich aus dem tschechischen Raum kommt und ins Deutsche übersetzt »Schamane« heißt.

Pferd des Schamanen

Die Geschichte der Trommel ist eng mit der des Schamanismus verbunden. Die ältesten Quellen schamanischen Tuns, dem Trommeln und Singen, sind laut Siman bereits in steinzeitlichen Höhlen zu finden: »Die dort angebrachten Wandmalereien markieren oft jene Bereiche in der Höhle, in denen schamanische Handlungen stattfanden. Diese Bilder befinden sich an akustischen Knotenpunkten. Es gibt sie, verstreut über die ganze Welt, nachweislich seit etwa 6000 vor Christus. Es heißt zwar d e r Schamane, aber trotzdem sind weit mehr Frauen als Schamanen tätig. Auch die meisten alten Abbildungen, Reliefs, Statuen und Berichte zeigen uns Frauen als heilende Trommlerinnen, trommelnde Göttinnen, trommelnde Priesterinnen. In Europa wurden die trommelnden Frauen und die Druiden durch das aufkommende Christentum verdrängt.« Für die verschiedenen Rituale und Zeremonien gibt es auch verschiedene Trommeln. Trommeln für die Beziehung zur Erde werden rund gebaut, Trommeln für die Beziehung zu den Geisterwesen sind oval. Trommeln waren stets auch Zeichen von Würde, Reichtum und Kraft. Zwischen Königen gab es Wettkämpfe, wer mehr und größere Trommeln hat. Zur Zeit Maria Theresias war der oberste Meistertrommler des Reiches ein hoher Würdenträger, Chef des Geheimdienstes und verantwortlich für die Audienzen der Kaiserin. Siman kennt auch die dunklen Aspekte dieses Instrumentes: »In ihrer negativen Wirkung ist die Trommel immer wieder in Kriegen und in der Folter eingesetzt worden.«

Im Zentrum der Welt

Die Trommel ist das wichtigste Kultgerät des Schamanen, ein heiliges Instrument und Hilfsmittel für den Zugang zu anderen Welten, mit seinem Innersten und mit der Erde zu finden. Die Trommel ist sein »Vehikel« um zu »reisen«, also ein wesentliches Mittel, das den Schamanen in Trance und damit in den Zustand eines anderen Bewusstseins versetzt. Sie hilft dem Schamanen Kontakt mit den Geistern aufzunehmen und dient ihm als Kommunikationsmittel mit den Menschen. Die Trommel unterstützt schamanisches Heilen und dient als Schutz gegen negative Kräfte. Eingesetzt wird sie auch in Verbindung mit Gesang und Bewegung zur Musik. Sie ist in allen Kulturen der Welt in Verbindung mit Schamanen, Magiern, Heilern, Priestern und Medizinmännern in unterschiedlichsten Formen und Arten zu finden. Auch für Mircea Eliade spielt die Trommel bei den schamanischen Zeremonien eine herausragende Rolle: »Ihre Symbolik ist komplex, ihre magische Funktion vielfältig. Sie ist zur Abwicklung der Sitzung unentbehrlich, ob sie nun den Schamanen zum ›Zentrum der Welt‹ bringt, ob sie ihm ermöglicht in die Lüfte zu fliegen, ob sie die Geister ruft und ›gefangen setzt‹ oder ob sie dem Schamanen zur Konzentration sowie zur Kontaktaufnahme mit der spirituellen Welt verhilft, in die zu reisen er sich bereitet.«[141]

Spielarten und Herstellung

Hubert Siman zählt die schamanischen Trommeln zur Gruppe der

Die »Geburt« einer Schamanentrommel beschreibt ein Bericht über eine Schamanen-Séance in der südsibirischen Republik Tuva: »Soncur legte ein paar trockene Zweige aufs Feuer, so dass es aufflammte und die Jurte erhellte; es roch nach brennendem Wacholder. Darauf hielt er die Trommel ans Feuer, um ihr Fell zu trocknen und zu spannen. Indem er sacht über die Haut der Trommel strich, redete er mit ihr. Er fragte, ob sein ›Pferd‹ zu einer weiten Reise bereit sei, ob er es ›besteigen‹ könne. Darauf bestrich er die Trommel ein wenig mit Milch und Tee, um sie zu ›speisen‹. Endlich nahm er die Trommel auf, ging mit ihr etwas beiseite und setzte sich mit dem Rücken zum Feuer. Leise und langsam begann er, seine Hilfsgeister zu rufen; auch fing er an, behutsam auf die Trommel zu schlagen. Was er sagte, war zunächst nicht zu verstehen. Doch allmählich wurde seine Stimme kräftiger, und man konnte hören, wie er bestimmte Tiere, den Raben, den Falken, die Ente, den Fisch und verschiedene Schlangen rief. So sprach er etwa zehn bis fünfzehn Minuten, während er einmal kräftiger, einmal leiser auf die Trommel einschlug. Auch seine Stimme veränderte sich ständig; einmal klang sie weich und bittend, ein andermal hörte sich seine Rede entschlossen und befehlend an. Dann sprach er seiner Trommel Mut zu, forderte sie auf, schneller zu ›laufen‹ und ermunterte sie, nicht furchtsam zu sein. Er erklärte ihr: Seine Helfer seien mit ihm und gemeinsam würden sie die bösen Geister, die zahlreich seien und an vielen Stellen lauerten, besiegen.«
(Sev'jan I. Vajnstajn: Eine Schamanen-Séance bei den östlichen Tuwinern, Jahrbuch des Museums für Völkerkunde zu Leipzig)

Membranophone (Felltrommeln). Es existieren zwar sehr individuelle Formen, aber man kann sie auf einige Arten eingrenzen. Die Schamanentrommel besteht aus einem schmalen Holzreifen mit Tierfellbespannung und ist meist einfellig. Es gibt jedoch auch die Form der zweifelligen Trommeln, wie beispielsweise der tibetischen Schamanentrommel, die an einem Stiel gehalten und mit einem gebogenen Zweig gespielt wird. Viele indianische Trommeln haben einen zylindrischen, afrikanische und arabische Trommeln einen kelchförmigen Korpus. Die koreanische Buk ist eine Fasstrommel. Die Trommeln werden meist mit Schlägeln gespielt, aber auch mit der Hand. »Die schamanische Trommel ist für ihren Benutzer nicht nur ein sehr wichtiges, sondern auch ein sehr persönliches Utensil«, erzählt Siman. »Es ist selbstverständlich, dass sich ein Schamane seine Trommel selbst baut. So entsteht eine starke Beziehung. Er sucht sich zuerst den Baum aus und schneidet dann, wenn möglich aus dem lebenden Baum, einen Holzring heraus. Diesen formt er zu einem runden oder ovalen Reifen und lässt ihn trocknen. Bei einem bereits gefällten Baum wird eine Scheibe abgeschnitten und ausgehöhlt, sodass ein Holzring übrig bleibt. Dieser muss auch gut getrocknet sein. Diese Holzringe werden durch Schleifen noch fein bearbeitet. Ebenso aufwändig ist das Finden des passenden Fells. Im Idealfall erlegt der Schamane das Tier selbst und zieht das Fell nach seiner Bearbeitung auf die Trommel auf. Kennt der Schamane zu dieser Zeit bereits sein Krafttier, wird er natürlich ein solches Fell wählen. Oft werden auf der Rückseite Verstrebungen aus Metall, Holz oder Verschnürungen angebracht, die mit der jeweiligen Kultur zu tun haben, aber auch mit dem sehr differenzierten schamanischen Denken und Arbeiten. Ist die Trommel nach rund zwei Wochen gut getrocknet, wird sie, je nach Art der Verwendung, bemalt und geschmückt. Die Bilder sind meist Ausdruck schamanischer Philosophie der drei Welten oder der Verbindung zur Natur und Geisterwelt. Sie haben nichts mit dem zu tun, was bei uns als bemalte Schamanentrommeln verkauft wird. Je nach Zweck der Trommel wird sie oft mit schamanischen Utensilien wie Federn, Zähnen, Muscheln oder Bändern geschmückt und anschließend mit einer Kräuterräucherung gereinigt. Nach diesen komplizierten Arbeitsvorgängen wird die Trommel von ihrem Benutzer eingeweiht. Sie ist von nun an sein ständiger Begleiter, eine Art Alter Ego. Auch der Trommelschlägel wird selbst gebaut. Er besteht meist aus einem Knochen oder einem Stück Holz mit Leder umwickelt. Nun kann der Schamane seine Trommel bei seiner Tätigkeit in Zeremonien, Ritualen oder Heilungen verwenden. In so einer Situation stimmt er nicht nur sich selbst ein, sondern bereitet auch die Trommel. Da diese Trommeln aus natürlichen Materialien bestehen, werden sie zuerst am Feuer gestimmt (gespannt).«

In vielen Kulturen wird die Trommel sogar als Wesen angesehen und daher symbolischen mit Nahrung versorgt. Zusätzlich zur Trommel verwenden Schamanen auch Rasseln (die Verbindung zum Wachbewusstsein) und andere Instrumente wie die Flöte oder den Gong. Stirbt der Schamane, wird auch meistens die Trommel zerstört.

Alles Rhythmus

Für Heilerfolge ist auch der entsprechende Rhythmus verantwortlich: »Das Leben im Einklang mit Natur, das Hören auf den eigenen Körper, das Einklingen mit dem Universum sind Grundpfeiler der schamanischen Arbeitsweise. Für die Heilung sind in erster Linie die Wechselwirkungen zwischen den Körperrhythmen und der Trommel der Initialimpuls und gleichzeitig auch Prozessbegleitung. Schon als Embryo hören wir als erstes akustisches Erlebnis den Pulsschlag der Mutter und die Rhythmen ihrer Organe. In dieser ständigen pulsierenden und variierenden Monotonie wachsen wir heran und werden in die Stille geboren. Dieses Wissen gibt allem schamanischen Tun mit der Trommel die Basis, nämlich den Herzschlag. Auf diesem Herzschlag baut das musikalische und therapeutische Trommeln auf und bestimmt die heilende Wechselwirkung zwischen Körper und Trommel. Mit diesem Grundtempo werden Pulsrhythmen in vielfachen Geschwindigkeiten gespielt, die wiederum andere Bereiche des Körpers erreichen und aktivieren (Organe, Nervenbahnen, ...). Werden mehrere Rhythmen gleichzeitig gespielt oder zusammen mit Trommel und Stimme gestaltet, können besonders Gehirnwellen und Trancezustände beeinflusst werden. Die Wechselwirkung zwischen Körper und Rhythmus ist auch in den grundlegenden rhythmischen Formen von 2er- und 3er-Rhythmen klar erkennbar. Haben wir beim Herzen zwei Klänge (Diastole und Systole), so können wir das mit der Trommel mit einem betonten und einem unbetonten Schlag gut nachspielen und so mit dem Körper kommunizieren. Für den ungeraden 3er-Rhythmus gibt es schon mehrere Möglichkeiten in der Beziehung zur Atmung (einatmen, ausatmen, Pause). Im rhythmischen Gestalten werden daraus ein betonter und zwei unbetonte Schläge. Auf diesen beiden rhythmischen Wurzeln (gerade und ungerade einfache Rhythmen) basiert alles rhythmische Tun in der Beziehung zum Herzschlag und im Kontakt mit sich selbst oder dem Nächsten. Nach oben hin gibt es in der rhythmischen Gestaltung keine Grenzen.« Siman kennt Heilrhythmen mit über hundert Schlägen pro Rhythmus: »In der Gestaltung von Rhythmen gibt es nur zwei Möglichkeiten – entweder Pausen oder Unterteilungen – und doch ist der Rhythmus ein sehr komplexes und vielschichtiges Gefüge. In der schamanischen Welt kann man die Arbeitsweisen mit Rhythmus vergleichen mit den bei uns üblichen Bezeichnungen: als Basis das Tempo, als Erweiterung Dynamit und Notenwerte und als Gestaltungsformen Klang, Stimme und Bewegung. Ein Schamane wird niemals auf einem Sessel sitzen und in steifer Körperhaltung vor sich hintrommeln. Ein Schamane sitzt oder steht auf der Erde und im Laufe seines musikalischen Tuns wird er nicht nur seine Stimme verwenden, sondern sich intensiv dazu bewegen, entweder in Ekstase oder in rituellem Tanz.«

Viele Spielmöglichkeiten

Die Spielmöglichkeiten mit der Trommel sind ebenso vielseitig wie die individuelle Wirkung der Rhythmen. Oft folgt der Schamane seiner Intuition und kommt durch die Beobachtungen der Folgen zu seinem Wissen. Es ist auch ein großer Unterschied, ob ein Schamane mit einer Person oder mit einer Gruppe arbeitet, ob die Menschen persönlich anwesend sind oder der Schamane in Verbindung mit dem Universum für sie trommelt. Siman erzählt, dass es in vielen Kulturen Musiktherapieformen gibt, die hauptsächlich mit Tönen und Melodie arbeiten: »Die Beziehung zwischen diesen Therapieformen und der rhythmustherapeutischen Form eines Schamanen besteht darin, dass Rhythmen gleiche Schwingungsverhältnisse erzeugen wie Töne, nur in einem langsameren Schwingungsbereich und daher auch näher den körpereigenen Rhythmen. Die Schwingungsverhältnisse von Tönen (Obertöne) finden wir überall in der Natur, Planeten, Tagesrhythmus und ebenso in unserem Körper. Rhythmus und Trommel sind der Weg zu Lärm und Stille. Rhythmus und Trommel ist die nonverbale Kommunikation mit sich selbst und dem Nächsten. Rhythmus und Trommel sind die besten Begleiter in die Krise und aus der Krise in die Heilung.« Schamanen ist es daher durch die Trommeln sowie deren Rhythmen und Schwingungen möglich, sich auf Trancereisen zu begeben, mit anderen Bewusstseinszuständen in Verbindung zu treten und so Heilung auf psychischer und physischer Ebene für sich selbst, aber vor allem für andere zu erfahren.

Das Geschenk des Adlers

Wie die Trommel und damit auch Freude für die Menschen in die Welt kam, erzählt ein altes Inuit-Märchen: »Vor langer Zeit lebte weit oben im Norden ein Eskimojäger mit seiner Frau und seinen Söhnen. Ihr Leben war hart. Um ihren Hunger zu stillen, mussten sie Tiere jagen. Sie jagten den ganzen Tag. Sie schleppten die Beute in ihr Lager, aßen das Fleisch und nähten Kleider aus den Fellen. Nach dem Essen saßen sie müde und stumm beieinander und fingen zu gähnen an. Nur der jüngste Sohn fragte bisweilen: ›Was können wir heute noch tun?‹ – ›Schlafen, was sonst!‹ antwortete der Vater. ›Wir könnten zu den Menschen gehen, die im nächsten Lager wohnen‹, sagte der Junge. ›Wir könnten mit ihnen reden!‹ Aber der Vater schüttelte den Kopf. ›Die Menschen dort schlafen auch.‹ Da legten sie sich nieder, drängten sich aneinander, zogen die Felldecke über sich und schliefen ein. So vergingen die Tage, so vergingen die Abende, einer wie der andere. Eines Tages ging der jüngste Sohn allein auf die Jagd. Er sah einen Adler über sich kreisen und spannte den Bogen. Der Adler kam immer näher. Endlich flog er herab und setzte sich vor den Jungen in den Schnee. Ganz ruhig saß er da und schaute den Jäger an. Der Adler war noch jung. Aber er war groß und stark. Er hatte ein schönes Gefieder. Dem jungen Jäger wurde sonderbar zumute, er ließ seinen Bogen sinken. ›Flieg fort!‹, sagte er zu dem Adler. ›Du bist so schön. Ich will dich nicht töten.‹ – ›Kleiner Jäger!‹, sagte der Adler. ›Komm mit mir in unser Lager. Ich habe ein Geschenk für dich. Ich will dir die Gabe des Festes geben.‹ – ›Fest – was ist das?‹, fragte der Junge. ›Ein Fest macht das Herz froh‹, sagte der Adler. ›Freunde kommen zusammen und essen miteinander. Dann trommeln und singen und tanzen sie. Wer Feste feiert, ist nicht einsam.‹ Da ging der Junge mit dem Adler, denn er wollte gern die Gabe erhalten, die die Einsamkeit vertreiben hilft. Sie gingen einen hohen Berg hinauf. Auf der Spitze des Berges war das Lager der Adler. ›Mutter!‹, rief der junge Adler schon von weitem. ›Ich bringe einen Menschenjungen, der noch nie ein Fest gefeiert hat. Er kann weder trommeln noch singen noch tanzen.‹ Der Junge fürchtete sich, denn die Adlermutter war gewaltig groß. Die ganze Menschenfamilie hätte unter ihren Flügeln schlafen können. Die Adlermutter öffnete ihre uralten Augen und sah den Jungen an. ›Baut ein Festhaus, Kinder!‹, sagte sie. Der Junge und der Adler bauten ein Festhaus. ›Macht euch Trommeln, Kinder!‹, sagte die Adlermutter. Der Adler zeigte dem Jungen, wie man Rentierhaut über einen Holzrahmen spannt, wie man Schlägel aus Knochen schnitzt und wie man mit den Schlägeln auf die gespannte Haut schlägt, dass sie zu dröhnen beginnt. ›Denkt euch ein Lied aus, Kinder!‹, sagte die Adlermutter. Der Junge dachte nach. Er schlug die Trommel und sagte: ›Einen Adler sah ich kreisen, hoch, hoch über mir. Der Adler flog zu mir und sah mich an. Da wurde mein Herz warm. Es sprang vor Freude. Der Adler wurde mein Freund.‹ – ›Gut‹, sagte die Adlermutter. ›Und jetzt horch in deine Worte hinein, es liegt eine Melodie in ihnen, die musst du hören lernen.‹ Der Junge horchte und begann zu singen, erst leise, dann immer lauter. ›Tanzt dazu, Kinder!‹, rief die Adlermutter. ›Menschenjunges, dein Herz ist vor Freude gesprungen. Lass deine Beine es deinem Herzen nachmachen!‹ Der Junge sprang und schlug die Trommel dazu, er lachte vor Glück und sang sein Lied. ›Jetzt kannst du alles‹, sagte die Adlermutter. ›Aber du hast die Gabe des Festes nicht für dich allein bekommen. Du sollst sie mit allen Menschen teilen.‹ Der Junge versprach es. In seiner Jagdtasche hatte er noch ein kleines Stückchen Robbenspeck. Er nahm es und legte es vor die Adlermutter. Das war nur eine winzige Gabe, aber die Adlermutter freute sich. ›Er hat wirklich alles verstanden, was man wissen muss, um ein Fest zu feiern‹, sagte sie zu ihrem Sohn. ›Trag ihn zurück in sein Land.‹ Der Junge legte seine Arme um den Hals des Adlers, und der Adler trug seinen Freund in die Ebene hinunter. Dort nahmen sie Abschied voneinander. Der Junge lief nach Hause und erzählte den Eltern und Brüdern, was für eine köstliche Gabe er erhalten hatte. Gemeinsam bereiteten sie ein Fest vor. Sie bauten ein Haus. Sie machten Trommeln. Sie dachten Lieder aus. Sie lachten und sprachen miteinander. Sie versuchten zu tanzen, und ihre Gedanken wurden fröhlich. Bei allem, was sie taten, fragten sie sich, ob sie nicht ein Lied daraus machen könnten. Und so begannen sie, die Dinge rundherum auf eine neue Art zu sehen. Sie luden die Menschen aus den nächsten Lagern ein, und von überallher kamen die

Gäste zum Fest. Sie schmausten und sangen und tanzten und trommelten. Und es kamen die Wölfe und die Eisbären, die Rotfüchse und die Silberfüchse, die Luchse und die Schneehühner. Sie alle feierten mit den Menschen das erste Fest.«
(Das Geschenk des Adlers. In: Lene Mayer-Skumanz: Jakob und Katharina, Wien 1981)

Anmerkungen

1 Vgl. Leo Auerbach et al.: Krebs und Komplementärmedizin. Wien usw. 2002, S. 75.
2 Vgl. Rüdiger Braun: Medizin der Naturvölker. In: Stern vom 24. Februar 2004.
3 Vgl. Auerbach: Krebs, a.a.O., S. 74.
4 Elke Mader, Kultur- und Sozialanthropologie Lateinamerikas. Eine Einführung. Zu finden im Internet unter www.Lateinamerika-studien.at/content/kultur/ethnologie/ethnologie-titel.html
5 Ebd.
6 Vgl. Andreas J. Obrecht: Die Welt der Geistheiler: Zur Renaissance magischer Weltbilder. Wien 1999, S. 79.
7 Ebd.
8 Thomas H. Macho: Todesmetaphern. Frankfurt am Main 1987, S. 294.
9 Vgl. Das Wörterbuch der Schamanen. In: Stern vom 24. Februar 2004.
10 Robert Benedikt: Sekten-Boom und Alpen-Schamanen im »heiligen Land« Tirol. In: Die Presse vom 11. 12. 2000.
11 Diese Passage stammt aus einem Text des Katholischen Bibelwerkes zum Thema »Die neue Esoterik«. Zu finden im Internet unter www.dioezese-linz.or.at/pastoralamt/weltanschauungsfragen/esoterik.asp.#Esoterik.
12 Vgl. Jeder zweite Österreicher ist ... In: Die Presse vom 12. August 1995 (gezeichnet NV).
13 Vgl. Obrecht: Welt, a.a.O., S. 12.
14 »help tv« – ORF-Sendung vom 31. Mai 2006.
15 Obrecht, Welt, a.a.O., S. 11.
16 Vgl. ebd.
17 Ebd., S. 9.
18 Vgl. ebd., S. 136.
19 Vgl. ebd., S. 181.
20 Vgl. Andreas J. Obrecht (Hrsg.): Die Klienten der Geistheiler: Vom anderen Umgang mit Krankheit, Krise, Schmerz und Tod. Wien 2000, S. 11.

21 Vgl. Klaus E. Müller: Schamanismus – Heiler, Geister, Rituale. München 2001, S. 9.
22 Vgl. ebd.
23 Hans Biedermann: Knaurs Lexikon der Symbole. München 2004, S. 399.
24 Vgl. Friedrich W. Doucet: Die Toten leben unter uns. Wien 1979, S. 89 f.
25 Vgl. ebd., S. 92.
26 Macho, Todesmetaphern, a.a.O., S. 395.
27 Peter Haining: Das große Gespensterlexikon. Geister, Medien und Autoren. Frankfurt am Main usw. 1985, S. 106.
28 Vgl. Anne Ross; Don Robins: Der Tod des Druidenfürsten. Die Geschichte einer archäologischen Sensation. Köln 1990, S. 142.
29 Ebd., S. 137.
30 Ebd.
31 Doucet, a.a.O., S. 89.
32 Heribert Aigner: Zum Hexenwesen im Altertum. In: Helfried Valentinitsch (Hrsg.): Hexen und Zauberer. Die große Verfolgung – ein europäisches Phänomen in der Steiermark. Graz 1987, S. 176.
33 Ebd.
34 Interview im Salzburger Nachtstudio: Magische Energie, ekstatische Erfahrung. Radio-Sendung auf Ö 1. Ausstrahlung: 17. August 2005, Gestaltung: Wolfgang Bauer.
35 Vgl. Louis Charpentier: Die Geheimnisse der Kathedrale von Chartres. Köln 1972, S. 25.
36 Nigel Barley: Tanz ums Grab. Stuttgart 1998, S. 63.
37 Vgl. Elard Hugo Meyer: Mythologie der Germanen. Strassburg 1903, S. 72 f.
38 Haining, a.a.O., S. 284.
39 Christian Rätsch; Claudia Müller-Ebeling: Weihnachtsbaum und Blütenwunder. Geheimnisse, Herkunft und Gebrauch traditioneller Weihnachtspflanzen. Aarau und München 2003, S. 22.
40 Thomas H. Macho: Überlegungen zur Geschichte des Todes.

In: Adolf Holl (Hrsg.): Neues vom Tod: Heutige Umgangsformen mit dem Sterbenmüssen. Wien 1990, S. 116.

41 Meyer, a.a.O., S. 73.

42 Macho, Überlegungen, a.a.O., S. 119.

43 Ebd.

44 Interview im Salzburger Nachtstudio, a.a.O.

45 Ingrid Greisenegger: Wie viel Garten braucht der Mensch? St. Pölten usw. 2003, S. 94.

46 Vgl. ebd.

47 Macho, Todesmetaphern, a.a.O., S. 8.

48 Interview im Salzburger Nachtstudio, a.a.O.

49 Mircea Eliade: Schamanismus und archaische Ekstasetechnik. Frankfurt am Main 1974, S. 18.

50 Müller, a.a.O., S. 94 f.

51 Ebd., S. 12.

52 Ebd.

53 Ebd.

54 Ebd., S. 13.

55 Ebd., S. 14.

56 Ebd., S. 19.

57 Ebd., S. 42.

58 Ebd., S. 20.

59 Eliade, a.a.O., S. 289.

60 Müller, a.a.O., S. 21.

61 Macho, Todesmetaphern, a.a.O., S. 333.

62 Vgl. ebd., S. 334.

63 Interview im Salzburger Nachtstudio, a.a.O.

64 August Thalhamer: »Sind Schamanismus, christliche Mystik und westliche Psychotherapie kompatibel?« Vortrag beim 1. Weltkongress für Psychotherapie im Juli 1996 in Wien.

65 Ebd.

66 Zit. nach: Die vielen Schulen der Psychotherapie: Alles »spirituell«! In: Die Presse vom 9. Juli 1999.

67 Vgl. Eliade, a.a.O., S. 22.

68 Ebd. S.2.

69 Christian Scharfetter: Der Schamane. Zu finden im Internet unter: www.schamanismus-information.de
70 Interview im Salzburger Nachtstudio, a.a.O.
71 Werner Gruber; Karl W. Kratky: Verhaltensweisen von Schamanen und psychosozialer Stress«. In: Alfred Pritz; Thomas Wenzel (Hrsg.): Weltkongress Psychotherapie. Mythos–Traum–Wirklichkeit. Ausgewählte Beiträge des 2. Weltkongresses für Psychotherapie. Wien 1999.
72 Ebd.
73 Vgl. Macho, Todesmetaphern, a.a.O., S. 238.
74 Interview im Salzburger Nachtstudio, a.a.O.
75 Müller, a.a.O., S. 55.
76 Vgl. ebd., S. 57.
77 Vgl. Macho, Todesmetaphern, a.a.O., S. 240.
78 Carlos Castaneda: Der Ring der Kraft. Don Juan in den Städten. Frankfurt am Main 1978, S. 177.
79 Gruber, a.a.O.
80 Ebd.
81 Vgl. Das Lexikon für Österreich in 20 Bänden: Band 16. Mannheim usw. 2006, S. 24.
82 Braun, Medizin , a.a.O.
83 Scharfetter, a.a.O.
84 Müller, a.a.O., S. 98.
85 Vgl. ebd.
86 Nina Buchinger: Schamanismus: Heilmethode oder Hokuspokus? In: Die Presse vom 25. Juli 2005.
87 Macho, Todesmetaphern, a.a.O., S. 368.
88 Ebd.
89 Zit. nach Macho, Todesmetaphern, a.a.O., S. 232.
90 Eliade, a.a.O., S. 105.
91 E. Bachmann; Jakob Bösch: Schamanismus und Psychotherapie im Vergleich. Zu finden im Internet unter: www.jakobboesch.ch
92 Eliade, a.a.O., S. 37.
93 Macho, Todesmetaphern, a.a.O., S. 350.
94 Ebd., S. 351.

95 Erwin Chargaff: Bemerkungen. Stuttgart 1981, S. 9.
96 Ursula Baatz: Wer sterben kann, kann leben. Über das Sterben zu Lebzeiten. In: Holl, a.a.O, S. 86.
97 Vgl. ebd.
98 Zit. nach Macho, Todesmetaphern, a.a.O., S. 347.
99 Ebd.
100 Zit. nach Dominique Viseux: Das Leben nach dem Tod in den großen Kulturen. München 1994, S. 113.
101 Meister Eckehart: Schriften. Jena 1934, S. 50.
102 Torsten Passe: Ekstase – Begriff und Phänomen. Zu finden im Internet unter: www.schamanismus-information.de
103 Franz von Assisi: Die Werke. Zürich 1979, S. 171.
104 Ebd., S. 172.
105 Eliade, a.a.O., S. 18.
106 Gruber, a.a.O.
107 Eliade, a.a.O., S. 449.
108 Zit. nach Hannsferdinand Döbler: Die Germanen. Legende und Wirklichkeit von A–Z. Ein Lexikon zur europäischen Frühgeschichte. München 1975, S. 80.
109 Rätsch, a.a.O., S. 48.
110 Zit. nach Macho, a.a.O., S. 345.
111 Carlos Castaneda: Die Lehren des Don Juan. Ein Yaqui-Weg des Wissens. Frankfurt am Main 1972, S. 36 f.
112 Ebd., S. 104.
113 Vgl. Hans Peter Duerr: Über die Grenzen einer seriösen Volkskunde oder: Können Hexen wirklich fliegen? In: Wolfdietrich Schmied-Kowarzik; Justin Stagl: Grundfragen der Ethnologie. Beiträge zur gegenwärtigen Theorie-Diskussion. Berlin 1980, S. 323.
114 Zit. nach Duerr, a.a.O., S. 325.
115 Interview im Salzburger Nachtstudio, a.a.O.
116 Ebd.
117 Zit. nach Joe J. Heydecker: Die Schwestern der Venus. Die Frau in den Mythen und Religionen. München 1994, S. 387.
118 Clark Wissler: Das Leben und Sterben der Indianer. Wien 1948; S. 358.

119 Ebd., S. 365 f.
120 Ebd., S. 367.
121 Helge Sobik: Mit den Geistern spielen. In: *Der Standard* vom 25. 10. 2002.
122 Ebd.
123 Hans Biedermann: Ausbildung der Hexenlehre. In: Valentinitsch, a.a.O., S. 209 f.
124 Eduard Fuchs: Illustrierte Sittengeschichte vom Mittelalter bis zur Gegenwart. Renaissance. München o. J., S. 493.
125 Vgl. Macho, Todesmetaphern, a.a.O., S. 222.
126 Hans Biedermann: Dämonen, Geister, dunkle Götter. Lexikon der furchterregenden mythischen Gestalten. Graz 1989, S. 104.
127 Sigrid Früh (Hrsg.): Märchen von Hexen und weisen Frauen. Frankfurt am Main 1986, S. 142 f.
128 Müller, a.a.O., S. 85.
129 Vgl. Obrecht, Welt, a.a.O., S. 79 f.
130 Jared Diamond: Der dritte Schimpanse. Evolution und Zukunft des Menschen. Frankfurt am Main 1994, S. 258.
131 Ebd., S. 259.
132 Richard Rohr: Der wilde Mann: geistliche Reden zur Männerbefreiung. München 1995, S. 29 f.
133 Bernhard Grom: Religiosität und subjektives Wohlbefinden. Wege zur Gesundheit. Jahrbuch der Diözese Gurk 2005.
134 Ebd.
135 Viktor E. Frankl: ... trotzdem Ja zum Leben sagen. Ein Psychologe erlebt das Konzentrationslager. München 1976.
136 Gregor Huesmann: Schwarzbuch Wundermittel. Stuttgart 2000, S. 132.
137 Ebd.
138 Ebd.
139 Gezauberte Wirksamkeit. In: profil 15/06.
140 Ebd.
141 Eliade, a.a.O., S. 168.

Verwendete und/oder weiterführende Literatur

Auerbach, Leo; Fleck-Vaclavik, Ilse; Hellan, Jutta; Özalp, Miriam: Krebs und Komplementärmedizin. Wien usw. 2002.

Barley, Nigel: Tanz ums Grab. Stuttgart 1998.

Biedermann, Hans: Knaurs Lexikon der Symbole. München 2004.

Castaneda, Carlos: Die Lehren des Don Juan. Ein Yaqui-Weg des Wissens. Frankfurt am Main 1972.

Ders.: Der Ring der Kraft. Don Juan in den Städten. Frankfurt am Main 1978.

Chargaff, Erwin: Bemerkungen. Stuttgart 1981.

Das Lexikon für Österreich in 20 Bänden. Mannheim usw. 2006.

Diamond, Jared: Der dritte Schimpanse. Evolution und Zukunft des Menschen. Frankfurt am Main 1994.

Doucet, Friedrich W.: Die Toten leben unter uns. Wien 1979.

Döbler, Hannsferdinand: Die Germanen. Legende und Wirklichkeit von A–Z. Ein Lexikon zur europäischen Frühgeschichte. München 1975.

Dubant, Bernard; Marguerie, Michel: Castaneda: der Weg der Kraft. Wien usw. 1983.

Eigner, Dagmar: Ritual, Drama, Imagination. Schamanische Therapie in Zentralnepal. Wien 2001.

Eliade, Mircea: Schamanismus und archaische Ekstasetechnik. Frankfurt am Main 1974.

Eliade Mircea; Culianu, Ioan P.: Handbuch der Religionen, Frankfurt am Main 1995.

Emerson, Ralph Waldo: Repräsentanten des Menschengeschlechts. Leipzig o. J.

Findeisen, Hans; Gehrts, Heino: Die Schamanen: Jagdhelfer und Ratgeber, Seelenfahrer, Künder und Heiler. Köln 1983.

Frankl, Viktor E.: ... trotzdem Ja zum Leben sagen. Ein Psychologe erlebt das Konzentrationslager. München 1976.

Früh, Sigrid (Hrsg.): Märchen von Hexen und weisen Frauen. Frankfurt am Main 1986.

Haining, Peter: Das große Gespensterlexikon. Geister, Medien und Autoren. Frankfurt am Main usw. 1985.

Halifax, Joan: Die andere Wirklichkeit der Schamanen. Bern und München 1985.

Harner, Michael: Der Weg des Schamanen. München 1999.

Hetmann, Frederik: Die Reise in die Anderswelt. Feengeschichten und Feenglaube in Irland. Frankfurt am Main 1984.

Heydecker, Joe J.: Die Schwestern der Venus. Die Frau in den Mythen und Religionen. München 1994.

Holl, Adolf (Hrsg.): Neues vom Tod: Heutige Umgangsformen mit dem Sterbenmüssen. Wien 1990.

Hope, Murry: Magie und Mythologie der Kelten. Das rätselhafte Erbe einer Kultur. München 1990.

Kratky, Karl W.: Komplementäre Medizinsysteme. Vergleich und Integration. Wien 2003.

Lussi, Kurt: Lärmen und Butzen. Mythen zwischen Rhein und Alpen. Luzern 2004.

Macho, Thomas H.: Todesmetaphern. Frankfurt am Main 1987.

Meister Eckehart: Schriften. Jena 1934.

Meyer, Elard Hugo: Mythologie der Germanen. Strassburg 1903.

Moos, Ute: Spirituelles Heilen. Der andere Weg zur Gesundheit. Wien 1999.

Müller, Klaus E.: Schamanismus – Heiler, Geister, Rituale. München 2001.

Nauwald, Nana: Bärenkraft und Jaguarmedizin. Die bewusstseinsöffnenden Techniken der Schamanen. Aarau 2002.

Obrecht, Andreas J.: Die Welt der Geistheiler: Zur Renaissance magischer Weltbilder. Wien 1999.

Obrecht, Andreas J. (Hrsg.): Die Klienten der Geistheiler: Vom anderen Umgang mit Krankheit, Krise, Schmerz und Tod. Wien 2000.

Oertli, Jakob: Das schamanische Praxisbuch. Ein Tor zu Lebenskraft und Erfolg. München 1996.

Panoff, Michel; Perrin, Michel: Taschenwörterbuch der Ethnologie. Erweiterte Neuauflage. Berlin 1982.

Paturi, Felix R.: Heilbuch der Schamanen: Mit Trommelrhythmen und Naturweisheiten das Bewusstsein verändern und das Wissen der Schamanen nutzen. München 1999.

Rätsch, Christian; Müller-Ebeling, Claudia: Weihnachtsbaum und Blütenwunder. Geheimnisse, Herkunft und Gebrauch traditioneller Weihnachtspflanzen. Aarau und München 2003.

Ross, Anne; Robins, Don: Der Tod des Druidenfürsten. Die Geschichte einer archäologischen Sensation. Köln 1990.

Scharfetter, Christian: Der spirituelle Weg und seine Gefahren: Spiritualität, Begriff, Typen. Bewusstseinsbereiche, Induktoren und Inhalte. Meditation. Spirituelle Krise. Sekten und totalitäre Kulte. Eine Übersicht für Berater und Therapeuten. Stuttgart 1994.

Schenk, Amélie: Schamanen auf dem Dach der Welt. Graz 1994.

Schmied-Kowarzik, Wolfdietrich; Stagl, Justin: Grundfragen der Ethnologie. Beiträge zur gegenwärtigen Theorie-Diskussion. Berlin 1980.

Uccusic, Paul: Der Schamane in uns. Schamanismus als neue Selbsterfahrung, Hilfe und Heilung. Genf und München 1991.

Valentinitsch, Helfried (Hrsg.): Hexen und Zauberer. Die große Verfolgung – ein europäisches Phänomen in der Steiermark. Graz 1987.

Viseux, Dominique: Das Leben nach dem Tod in den großen Kulturen. München 1994.

Wissler, Clark: Das Leben und Sterben der Indianer. Wien 1948.

Wittgenstein, Ludwig: Tractatus logico-philosophicus. Logisch-philosophische Abhandlung. 16. Auflage. Frankfurt am Main 1982.

Die schamanische Szene – Ansprechpartner & Angebote

Wien

Edith Blecha
1010 Wien, Franz-Josefs-Kai 53/1/10c
Tel.: 0664/510 60 36
E-Mail: edith.blecha@netway.at
Geistheilung

Susanne Maier
1010 Wien, Salzgries 19/4/10
Tel.: 0676/537 56 14
E-Mail: maier.susanne@chello.at
www.susannemaier.info/
Schamanische Lehrerin und Therapeutin
Einführung in den Schamanismus, Vermittlung der Grundmethode der schamanischen Reise

Günther Roppele
1020 Wien, Hollandstraße 7/25
Tel.: 01/216 46 79
E-Mail: lomilomi@inode.at, huna@inode.at
Huna-Seminare, Hawaiianische Körperarbeit (Lomi)

Kurt Reiter
1020 Wien, Springergasse 27/11
Tel.: 01/216 03 13
Hawaiianische Körperarbeit (Lomi)

Ulrike Meinecke
1020 Wien, Walcherstraße 17/6/25
Tel.: 0699/194 26 560
E-Mail: ulrike.meinecke@chello.at
Schamanismus (afro-kubanische Mystik)

Mag. Christian Egerer
1030 Wien, Fasangasse 35–37/4/2
Tel.: 0650/782 70 57
E-Mail: christian.egerer@gmx.at
www.ic4u.at
Schamanische Beratung

Seminarzentrum KONTIKI
1030 Wien, Hainburger Straße 48
Tel.: 0699/120 81 949
E-Mail: makia@kontiki.at
www.kontiki.at

Christa Bogner
1040 Wien, Schaeffergasse 13a/27
Tel.: 01/581 89 56
E-Mail: christa.bogner@aloha-spirit.at
www.aloha-spirit.at
Hawaiianische Körperarbeit (Lomi), Hula-Kurse, Lomi-Lomi-Nui-Seminare

Institut Dr. Schmida
1060 Wien, Lehárgasse 1/2
Tel.: 01/587 50 46
E-Mail: institut@schmida.com
www.schmida.com

Eva Ulmer-Janes
1060 Wien, Schmalzhofgasse 18/2/33
Tel.: 01/597 60 54
E-Mail: eva@huna.at
www.huna.at
Huna-Schamanismus

Pacha Mama – Verein für Heilkunst und Wissen aus alten Traditionen
1070 Wien, Westbahnstraße 30
Tel.: 01/522 18 60
www.pachamama-austria.org/

Oneheart Warriors Lodge – Akademie für schamanisches Wissen
Wolfram Reiter
1070 Wien, Kandlgasse 1
Tel.: 01/523 04 22
E-Mail: wolfrabe@gmx.at
www.oneheartwarriors.at/

FOCUS Wien – Zentrum für Trance und Bewusstsein
1070 Wien, Neubaugasse 44
Tel.: 01/523 10 82
E-Mail: focus@focus.at
www.focus.at
Workshops, Coaching, Selbsterfahrung, Forschung, Seminarreisen zu Themen wie Trance, Bewusstsein, Ekstase, Traum und Schamanismus

Astrobox – Veronika Semmler
1070 Wien, Burggasse 8
Tel.: 01/526 11 47
E-Mail: office@astrobox.at
www.astrobox.at

Lilo & DI Helmut Wöginger
1080 Wien, Josefstädter Straße 27
Tel.: 01/407 36 34
E-Mail: office@gute-loesungen.at
www.gute-loesungen.at

Jangual – Zentrum für Schamanismus, Spiritualität und Körpertherapie
1120 Wien, Fockygasse 22/16
Tel.: 0650/560 65 60
E-Mail: office@jangual.at
www.jangual.net

Mag. Dagmar Hlebic
1130 Wien, Kugygasse 14/3
Tel.: 01/879 50 37
E-Mail: d.hlebic@nextra.at
Huna-Beratung; Huna und Management

Verein Spirit
1134 Wien, Postfach 25
E-Mail: contact@spirit-info.at
www.spirit-info.at

Sieglinde Wagner
1140 Wien, Lorenz-Weiß-Gasse 7/9
Tel.: 01/416 26 76
E-Mail: sieglinde@kunst-therapie-wagner.at
www.kunst-therapie-wagner.at

Alexandra Kalcakosz
1170 Wien, Pretschgogasse 3/7a
Tel.: 01/923 99 16
E-Mail: alexandra.kalcakosz@kunstundmagie.com
www.kunstundmagie.com

Elisabeth Lehner
1170 Wien, Lienfeldergasse 95/20
Tel.: 01/486 85 51
E-Mail: mail@spiritwalk.at
www.spiritwalk.at

Dr. Gertrude Wille-Römer
1180 Wien, Osterleitengasse 2/3
Tel.: 01/368 32 27
Huna-Seminare

Lieselotte Jetzinger
1180 Wien, Kutschkergasse 9/18
Tel.: 0699/100 91 373
E-Mail: lilo.huna@nextra.at
www.licht-schamanismus.at

Clemens Fasching
1190 Wien, Grinzinger Straße 99,
Eingang Nestelbachgasse 1
Tel.: 0676/410 03 05
E-Mail: office@massage-praxis.at
www.aart.cc

Foundation for Shamanic Studies
Paul Uccusic
1190 Wien, Krottenbachstraße 99/10
Tel.: 01/480 17 53
E-Mail: office@fss.at
www.fss.at

Mag. Ulrike Herzog & Udo Vukovics
1220 Wien, Leonard Bernsteinstraße 4–6/7/41
Tel.: 01/922 67 65
E-Mail: schamanismus@chello.at
www.nagual-schamanismus.at
Intensiv-Ausbildung Nagual-Schamanismus

Thomas Gutmeier
1220 Wien, Steigenteschgasse 13/3/11
Tel.: 0650/478 28 39
E-Mail: thomas@inka-schamane.at
www.inka-schamane.at/
Inka-Schamanismus

Evelyn Justine Zotter
1230 Wien, Breitenfurterstraße 410
Tel.: 0699/192 37 304
E-Mail: evelyn.zotter@chello.at
www.living-spirit.at

Burgenland

Anne Tscharmann & Robert W. Pilak
7022 Schattendorf, Vorstadt 8a
Tel.: 02686/38 65
E-Mail: maeterra@aon.at
www.maeterra.at

Niederösterreich

Dr. Veronika Preiser
2113 Wetzleinsdorf 66
Tel.: 0664/221 00 67 bzw. 02236/67 29
Huna-Seminare

Dr. Sabrina Masek
2340 Mödling, Goldene Stiege 11/1
Tel.: 02236/89 26 39
E-Mail: sabrina.masek@utanet.at
www.herzvision.at

Mag. Gabriele Altmann
2351 Wr. Neudorf, Hauptstraße 26/F/1/4
Tel.: 02236/653 37
E-Mail: office@medizinrad.at
www.medizinrad.at
Medizinrad – Zentrum für Naturenergetik
Angebot: schamanische Energiearbeit und Beratung, Naturseminare, Intuitionstraining, Trancereisen, Trommelgruppe, Pflanzenalchemie-Seminare

Hubert Maria Siman
2500 Baden, Weilburgstraße 20/1/4
Tel.: 02252/25 98 53
E-Mail: hubert.m.siman@tele2.at
www.siman.at
Zentrum für Individual Musik & Therapie (ZiMT)
2500 Baden, Erzherzog Wilhelm Ring 2
Musikpädagoge & Rhythmustherapeut

Nora Voithofer
2540 Bad Vöslau, Flugfeldstraße 13/1
Tel.: 0664/441 56 11
E-Mail: energie@noravoithofer.at
www.noravoithofer.at

Dr. Franz Frühwirth
2540 Bad Vöslau, Falkstraße 32/15
Tel.: 02252/719 65
www.lebensberatung-fruehwirth.at
Lebens- und Sozialberatung

Katharina Linhart
2752 Wöllersdorf/Wr.Neustadt, Steinabrücklerstraße 35a
Tel.: 0664/385 12 38
E-Mail: katharina@wirkendekraft.at
www.wirkendekraft.at
Schamanisch praktizierende Energetikerin

Elisabeth Buchelle
3053 Brand-Laaben, Eck 17
Tel.: 0676/542 07 45
E-Mail: buchelle@aon.at
www.aidara-buchelle.com
Herstellung von Meditations- und Ritualgegenständen

Reinhard Hofstetter
3171 Kleinzell, Ebenwald 5
Tel.: 02766/355 51
E-Mail: radioniker@aon.at
www.radioniker.at
Schamanische Trance- und Heilreisen

Oberösterreich

Dina Edelstein-Langer
4020 Linz, Wiener Straße 31
Tel.: 0732/60 02 77
E-Mail: Mondina@aon.at
http://members.aon.at/mondina/index.htm
Vorträge, Workshops, Schwitzhütten, eigene Räucherwaren und Öle

Karina Leitner
4020 Linz, Gründbergstraße 64
Tel.: 0732/75 97 38
E-Mail: mail@kaletao.at
www.kaletao.at

Michael Stingeder
4210 Gallneukirchen, Hauptstraße 28
Tel.: 0660/654 77 06
E-Mail: mstingeder@hotmail.com
www.radionik.at.tf/
Schamanische Beratung

Internationale Akademie für Schamanismus
4312 Ried in der Riedmark, Blindendorf 56
Tel.: 07237/631 38
E-Mail: info@iafs.com
www.schamanismus-akademie.com

Heidemarie Kitzmüller
4407 Steyr-Gleink, Retzenwinklerstraße 9
Tel.: 0664/184 19 03
E-Mail: office@astromedia.at
www.astromedia.at
Schamanische Energiearbeit, Schwitzhütten, Visionssuche

Salzburg

Anton Winzer
5020 Salzburg, Fischergasse 1
Tel.: 0662/43 25 19
E-Mail: winzer@gmx.at
http://members.aon.at/winzer/Schamanismus.html
Praxis für Energieausgleich

Gerhard Frankhauser
5671 Bruck/Großglockner, Knappenbühelweg 12
Tel.: 0699/12 58 58 10
E-Mail: info@healingworldmusic.com
www.healingworldmusic.com
Musikschamane und Barde

Tirol

Gabriele Zedinger und Peter Peppone Danninger
6020 Innsbruck, Dreiheiligenstraße 1
Tel.: 0676/462 92 46

E-Mail: lebensschule@gmx.at
www.kraftplatz.at
Schamanische Energiearbeiter
Ganzheitliche Hilfestellung in allen Lebensbereichen
Einzelsitzungen – Hausbesuche, Workshops für Firmen, Gruppen und Teams

Mag. Ulrich & Simone Eise
Eisenergethik
6020 Innsbruck, Grillparzerstraße 12
Tel.: 0512/56 14 05
E-Mail: praxis@eisenergethik.at
www.eisenergethik.at

Norbert Muigg
Organisation TO OM RA
6060 Hall i.T., Winterthurerstraße 5A/14
Tel.: 0664/411 88 54
E-Mail: kontakt@to-om-ra.com
www.to-om-ra.com
Schamane, Mayapriester

Hermes Trismegistos Institut Tirol
Ulla A. Zupevec
Falkenquell
6103 Reith bei Seefeld
Tel.: 05212/62 85
E-Mail: info@htm-institut.at
www.htm-institut.at
Schamanische Forschung und Lehre nach Harner Method in Form von öffentlichen und internen Gruppenarbeiten. Counseling und schamanische Heilbehandlung in Einzelarbeit, schamanische Erdheilung, Heilkräuterlehrgänge, Seminare, Ausbildung in altem Wissen, Business und Private Coaching, Exkursionen, Vollmondzeremonie (nach Alice Bailey – Arkanschule)

Georg O. Gschwandler
6200 Jenbach, Zistererbichl Nr. 9
Tel.: 0664/482 23 43
E-Mail: info@schamanismus.cc
www.schamanismus.cc
Schamane/Curandero und Jiteveri
Seminare, Heilrituale, Energiearbeit, Seelenrückholung

Mag. Alois P. Gerber
6460 Imst, Kramergasse 31/1
Tel.: 05412/644 07
E-Mail: office@alois-peter-gerber.com
www.alois-peter-gerber.com

Vorarlberg

Marcel und Sabrina Dengel
6714 Nüziders, Im Daneu 11b
Tel.: 0676/664 15 89
E-Mail: seminarhaus@trafo.or.at
www.trafo.or.at
Trafo – Werkstatt für persönliche Entwicklung, Kultur und Energiearbeit

Sonia Emilia Roppele
6850 Dornbirn, Schmelzhütterstraße 33b
Tel.: 0664/113 21 82
E-Mail: sonia.emilia@vol.at
www.schamanismus.net
Schamanische Ausbildnerin und Heilerin

Steiermark

Alfred Herler
8131 Mixnitz, Röthelstein 43/9
Tel.: 0664/200 32 59
E-Mail: reiki-info@gmx.at
www.alfred.herler.8ung.at

DI Wolfgang Polak
8293 Wörth/Lafnitz, Wörterberg 205
Tel.: 03358/216 75
E-Mail: office@chemie-und-radionik.at
www.chemie-und-radionik.at

Dr. Kurt & Christiane Perai
Seminarzentrum San Antón
8505 St. Nikolai im Sausal, Oberjahring 20
Tel.: 03185/88 69
E-Mail: san.anton.perai@aon.at
www.sananton.at

Annemarie Spurej
8530 Deutschlandsberg, Mitteregger Straße 4
Tel.: 03462/20 07
E-Mail: annemarie@spurej.at
www.anni.spurej.at/

Institut für Energetik und Schamanismus Leoben
8770 St. Michael
Tel.: 03843/353 15
E-Mail: aloha@ies-leoben.at
www.ies-leoben.at
Huna-Schamanismus

Anita Studeregger
8790 Eisenerz, Hieflauerstraße 33
Tel.: 0676/341 12 50
E-Mail: anita.studeregger@twin.at
www.wanagi.at
Privatpraxis für Körper, Seele, Geist und Energie
Core- und Huna-Schamanismus. Kinesiologie, Rückführungen, Besetzungsarbeit

Kurt Heinz Brückler
8942 Wörschach 225
Tel.: 03682/224 00
E-Mail: kurt@land-schamane.com
www.land-schamane.com
Schamane, Heiler, Kinesiologe

Andrea Friedmann
8966 Gössenberg, Au 4
Tel.: 03686/48 10
E-Mail: a.m.friedmann@aon.at
Schamanische Beratung

Mentalzentrum Beatrix Grill
8983 Bad Mitterndorf, Neuhofen 10
Tel.: 03623/60 22 13
E-Mail: beatrix@mentalzentrum.at
www.lebensfreude.at

Kärnten

Eveline Grander
9103 Diex, Diex 146
Tel.: 04231/254 53
E-Mail: egrander@keltenhof.org
www.druidin.at

Keltische Schamanin/Druidin
Seminare, Schwitzhütten, Seelenreisen, Aurasehen, Druidenausbildnerin

Ingrid Kamper
9220 Velden, Beethovenallee 3
Tel.: 04274/28 85
E-Mail: office@lichtzentrum.at
www.lichtzentrum.at
Mentales Lichtzentrum

Diese Liste bildet eine Auswahl an Institutionen bzw. Einzelpersonen, die im Internet im Zusammenhang mit dem Thema Schamanismus zu finden sind. Es besteht kein Anspruch auf Vollständigkeit. Auch für die gebotenen Leistungen, Fähigkeiten bzw. die Seriosität der genannten Anlaufstellen kann keine Gewähr übernommen werden.

Christian Kirchberger

Geboren 1963. Studium der Publizistik und Theaterwissenschaften. Seit zwei Jahrzehnten im Bereich Öffentlichkeitsarbeit und als Journalist für verschiedene Printmedien (u. a. »Der Standard«, »Kronen Zeitung«) tätig.